Spuren in München 1968–2018

In 50 Jahren Gartenlust sind viele zum Teil auch kleine Projekte in München entstanden. Haben sie alle etwas gemeinsam? Ja, die Besonderheiten des Ortes, die Qualität der Architektur und der Nachbarschaften. Die Aufgabenstellungen mündeten trotz ihrer Verschiedenartigkeit immer in eine Richtung: Einfachheit, ohne modisch zu sein, entschiedene Auswahl von Materialien und Farben sowie die Herausarbeitung des Raumes durch Bäume und andere Pflanzen. Ich glaube, wenn ich noch einmal auf die Welt käme, würde ich mich wieder der Gartenlust verschreiben.

1 Königinstraße, Casino-Gärten
2 Gedonstraße
3 Giselastraße
4 Kaulbachstraße
5 Josephsburgstraße, Wohnanlage
6 Sarasatestraße, Wohnanlage
7 Schröfelhofstraße, Stiftsbogen Wohnanlage
8 Berliner Straße, Zentrum Wohnanlage
9 Heideck-, Triva- und Raglovichstraße, Heideckhof, Wohnanlage
10 Blutenburgstraße
11 Werinherstraße
12 Scheinerstraße, Kindergarten
13 Maffeistraße, Lodenfrey, große Dachterrasse
14 Abtei St. Bonifaz
15 »Englische Fräulein« in Pasing
16 Nymphenburgerstraße, Bayernwerk
17 Borstei, Gartenrestaurierungen
18 Pinakothek der Moderne und das Museum Brandhorst
19 Clemensstraße
20 Walhallastraße
21 Maxviertel, Lenbachgärten
22 Brienner Straße, E.ON »Grünes Bild«
23 Brienner Straße
24 Möhlstraße, Phorms-Education, Kindergarten
25 Sonnenstraße, Sonnenblock-Innenhof
26 Brienner Straße, Innenhof »Brienner Hof«
27 Berliner Straße
28 Frauenstraße, Innenhof
29 Romanstraße, Romanhof
30 Erich-Kästner-Straße, Garten und Dachterrasse
31 Keplerstraße

peyer COVER

BARONESSE

Farbe 8111
diamantweiß

Adelheid Gräfin Schönborn

Adelheid Schönborn wird 1938 in Berlin geboren und wächst im fränkischen Altenmuhr im Altmühltal heran. Bereits als Kind entwickelt sie eine starke Verbundenheit mit der Natur und der Pflanzenwelt, die nach Abschluss des Gymnasiums in ihre Berufung mündet.

Nach Lehrjahren in Nürnberg und München studiert sie von 1963 bis 1966 Gartenarchitektur in Weihenstephan. Sie absolviert verschiedene Praktika, unter anderem im Planungsbüro von Professor Porcinai in Florenz, und entwirft erste freischaffende Gartenentwürfe. 1968 gründet sie in München ein Planungsbüro für Gartenarchitektur.

In den folgenden 50 Jahren »Gartenleben« entstehen rund 700 Gestaltungsarbeiten von Gärten, Parks und Anlagen, darunter exponierte Ensembles wie Gut Schierensee, Schloss Elmau, Schloss Neuhardenberg, aber auch die Pinakothek der Moderne in München oder der Deutsche Bundestag in Berlin. Es sind besondere Orte, die Geschichte haben und eine Geschichte erzählen. Trotz ihrer Verschiedenheit gestaltet sie Adelheid Schönborn immer nach gleichen Prinzipien: Einfachheit, ohne modisch zu sein, entschiedene Auswahl von Materialien und Farben sowie die Herausarbeitung des Raumes durch Bäume und andere Pflanzen.

Adelheid Schönborn lebt und arbeitet heute am Ort ihrer Kindheit, in Altenmuhr. Sie ist Mitglied in verschiedenen Gesellschaften, Arbeitskreisen und Kuratorien. Ihre Passion für Gartenkunst und Landschaftsarchitektur versteht sie auch als persönliches Engagement für Natur- und Umweltschutz, ohne ideologischen Anspruch, aber mit Blick auf ihre Nächsten. »Wenn mich meine Enkel nach meinem Beitrag für die Entwicklung der Gesellschaft fragen, möchte ich ihnen eine Antwort geben können.«

Umfang	200 Seiten
Bindung	Leinenband mit Fadenheftung
Format	245 · 285 mm
Papier	150 g/qm Galaxy supermatt
Schriften	Furnier MT Regular Tall Caps
Gestaltung	Prof. Kilian Stauss, stauss processform gmbh
Textauswahl	Adelheid Schönborn
	Bettina Keppler, stauss processform gmbh
	Herbert Lechner
Lektorat	Bettina Keppler, stauss processform gmbh
Druck und Herstellung	Gutenberg Beuys Feindruckerei GmbH, Langenhagen
Herausgeberin	Adelheid Gräfin Schönborn
Verlag	August Dreesbach Verlag, München 2018
ISBN	978-3-96395-004-9

Mit mir nach Arkadien

Auf der Suche nach der Schönheit der Welt
Adelheid Gräfin Schönborn
Gartenarchitektin

Für meine Kinder Johanna und Anna und meine Schwiegersöhne.
Für meine Enkelkinder Martha, Arthur, Hugo, Elsa und Blanka.
Für Liselotte, Alois und Franz.

Inhalt und Autoren

6–9		»Prolog« und »Grußbotschaft« Vorwort *Erzbischof Dr. Christoph Schönborn, Kardinal von Wien*
10–17		»Geschichte und Geschichten« Einleitung *Adelheid Schönborn*
18–33	1	Gut Schierensee *Adelheid Schönborn*
34–39		»Über die Gültigkeit der Aussage« Essay *Gustav Lüttge*
40–42		»Mein Vater Gustav Lüttge« Essay *Thomas Lüttge*
43		»Ein Brief an Adelheid Schönborn« *Helmut Sedlmeier*
44–53	2	Schloss Affing *Adelheid Schönborn*
54–55		»Affing, 2018« Essay *Marian von Gravenreuth*
56–59		»Garten- und Landschaftsgestaltung – eine Notwendigkeit oder schöne Spielerei?« Essay *Adelheid Schönborn*
60–65	3	Garten der »Englischen Fräulein« in Pasing *Adelheid Schönborn*
66–75	4	Pinakothek der Moderne und das Museum Brandhorst *Adelheid Schönborn*
76–79		»Mit ihr nach Arkadien« Essay *Mario Terzic*
80–87	5	Privatgarten in Nymphenburg *Adelheid Schönborn*
88–95	6	Schloss Elmau *Adelheid Schönborn*
96–99	7	E.ON – Grünes Bild *Adelheid Schönborn*

100–103	8 Brienner Hof *Adelheid Schönborn*	194–195	Mein Dank an alle Mitarbeiter seit 1968 *Adelheid Schönborn*
104–115	9 Schloss Neuhardenberg *Adelheid Schönborn* Aus den Briefen *Pückler – Hardenberg*	196–197	Danksagung an Menschen, die mein Leben prägen *Adelheid Schönborn*
116–121	10 Deutscher Bundestag, Berlin *Adelheid Schönborn*	198–199	Sponsoren Literatur Bildnachweis
122–125	»Arkadien und seine Gärtner« Essay *Conrad Wiedemann*		
126–133	11 Kreditanstalt für Wiederaufbau (KfW), Berlin *Adelheid Schönborn*		
134–137	»Für Adelheid« Essay *Rudolf zur Lippe*		
138–147	12 Rothschildpark *Adelheid Schönborn*		
148–149	»Gedanken über den Rothschildpark« Essay *Christoph Mäckler*		
150–159	13 Friedhof Neubiberg *Adelheid Schönborn*		
160–167	14 Skulpturenpark Baierbrunn *Adelheid Schönborn*		
168–173	»Arkadien reloaded« Essay *Hans von Trotha*		
174–191	15 Ehemalige Schlossbrauerei, Altenmuhr, »Gartenwerkstatt« *Adelheid Schönborn*		
192–193	»Die Natur« Essay *Andreas Maier*		

Vorwort

Prolog
Genesis (1. Mose) 2, 4b–25

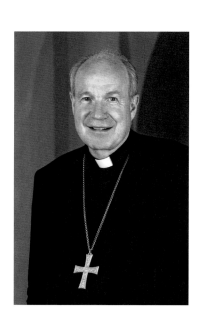

Erzbischof Dr. Christoph Schönborn, Kardinal von Wien, 1945 geboren in Skalken, 1963 Eintritt in den Dominikanerorden, Studium der Philosophie, Theologie und Psychologie in Walberberg, Le Saulchoir, Wien sowie Paris. 1970 Priesterweihe in Wien, 1974 Promotion in Paris, 1973–1975 Studentenseelsorger an der Grazer Hochschulgemeinde, 1976 Außerordentlicher Univ.-Prof. für Dogmatik an der Universität Fribourg, 1981–1991 Univ.-Prof. für Dogmatik ebenda, seit 1980 Mitglied der Internationalen Theologenkommission, seit 1984 Mitglied des Stiftungsfonds »Pro Oriente«, 1987–1992 Sekretär der Redaktions-Kommission für den Katechismus der Katholischen Kirche, zum Bischof geweiht am 29. September 1991 im Dom zu St. Stephan in Wien, seit dem 14. September 1995 Erzbischof von Wien, zum Kardinal ernannt am 21. Februar 1998, seit 30. Juni 1998 Vorsitzender der Österreichischen Bischofskonferenz. Publikationen (in Auswahl): Die Christusikone (1984), Gott sandte seinen Sohn. Christologie (2002), Wovon wir leben können. Das Geheimnis der Eucharistie (2005), Ziel oder Zufall? Schöpfung und Evolution aus der Sicht eines vernünftigen Glaubens (2007), Alle heiligen Zeiten. Durchs Kirchenjahr mit Christoph Kardinal Schönborn (2008), Vom geglückten Leben (2008), Wir haben Barmherzigkeit gefunden. Das Geheimnis des göttlichen Erbarmens (2009), Erlesener Sonntag. Das Lukasevangelium im Kirchenjahr (2009), Die Freude, Priester zu sein. Exerzitien in Ars (2011), Die Lebensschule Jesu. Anstöße zur Jüngerschaft (2013), Zeit des wachsamen Herzens. Ein Begleiter für Advent und Weihnachten (2017).

Es war zu der Zeit, da Gott der Herr Erde und Himmel machte. Und alle die Sträucher auf dem Felde waren noch nicht auf Erden, und all das Kraut auf dem Felde war noch nicht gewachsen. Denn Gott der Herr hatte noch nicht regnen lassen auf Erden, und kein Mensch war da, der das Land bebaute; aber ein Strom stieg aus der Erde empor und tränkte das ganze Land. Da machte Gott der Herr den Menschen aus Staub von der Erde und blies ihm den Odem des Lebens in seine Nase. Und so ward der Mensch ein lebendiges Wesen. Und Gott der Herr pflanzte einen Garten in Eden gegen Osten hin und setzte den Menschen hinein, den er gemacht hatte. Und Gott der Herr ließ aufwachsen aus der Erde allerlei Bäume, verlockend anzusehen und gut zu essen, und den Baum des Lebens mitten im Garten und den Baum der Erkenntnis des Guten und Bösen. Und es geht aus von Eden ein Strom, den Garten zu bewässern, und teilt sich von da in vier Hauptarme. Der erste heißt Pischon, der fließt um das ganze Land Hawila und dort findet man Gold; und das Gold des Landes ist kostbar. Auch findet man da Bedolachharz und den Edelstein Schoham. Der zweite Strom heißt Gihon, der fließt um das ganze Land Kusch. Der dritte Strom heißt Tigris, der fließt östlich von Assyrien. Der vierte Strom ist der Euphrat. Und Gott der Herr nahm den Menschen und setzte ihn in den Garten Eden, dass er ihn bebaute und bewahrte. Und Gott der Herr gebot dem Menschen und sprach: Du darfst essen von allen Bäumen im Garten, aber von dem Baum der Erkenntnis des Guten und Bösen sollst du nicht essen; denn an dem Tage, da du von ihm isst, musst du des Todes sterben. Und Gott der Herr sprach: Es ist nicht gut, dass der Mensch allein sei; ich will ihm eine Hilfe machen, die ihm entspricht. Und Gott der Herr machte aus Erde alle die Tiere auf dem Felde und alle die Vögel unter dem Himmel und brachte sie zu dem Menschen, dass er sähe, wie er sie nennte; denn wie der Mensch jedes Tier nennen würde, so sollte es heißen. Und der Mensch gab einem jeden Vieh und Vogel unter dem Himmel und Tier auf dem Felde seinen Namen; aber für den Menschen wurde keine Hilfe gefunden, die ihm entsprach. Da ließ Gott der Herr einen tiefen Schlaf fallen auf den Menschen, und er schlief ein. Und er nahm eine seiner Rippen und schloss die Stelle mit Fleisch. Und Gott der Herr baute eine Frau aus der Rippe, die er von dem Menschen nahm, und brachte sie zu ihm. Da sprach der Mensch: Die ist nun Bein von meinem Bein und Fleisch von meinem Fleisch; man wird sie Männin nennen, weil sie vom Manne genommen ist. Darum wird ein Mann seinen Vater und seine Mutter verlassen und seiner Frau anhangen, und sie werden sein ein Fleisch. Und sie waren beide nackt, der Mensch und seine Frau, und schämten sich nicht.

Offenbarung 21, 1–27

Und ich sah einen neuen Himmel und eine neue Erde; denn der erste Himmel und die erste Erde sind vergangen, und das Meer ist nicht mehr. Und ich sah die heilige Stadt, das neue Jerusalem, von Gott aus dem Himmel herabkommen, bereitet wie eine geschmückte Braut für ihren Mann. Und ich hörte eine große Stimme von dem Thron her, die sprach: Siehe da, die Hütte Gottes bei den Menschen! Und er wird bei ihnen wohnen, und sie werden seine Völker sein, und er selbst, Gott mit ihnen, wird ihr Gott sein; und Gott wird abwischen alle Tränen von ihren Augen, und der Tod wird nicht mehr sein, noch Leid noch Geschrei noch Schmerz wird mehr sein; denn das Erste ist vergangen. Und der auf dem Thron saß, sprach: Siehe, ich mache alles neu! Und er spricht: Schreibe, denn diese Worte sind wahrhaftig und gewiss!

Und er sprach zu mir: Es ist geschehen. Ich bin das A und das O, der Anfang und das Ende. Ich will dem Durstigen geben von der Quelle des lebendigen Wassers umsonst. Wer überwindet, der wird dies ererben, und ich werde sein Gott sein und er wird mein Sohn sein. Die Feigen aber und Ungläubigen und Frevler und Mörder und Hurer und Zauberer und Götzendiener und alle Lügner, deren Teil wird in dem Pfuhl sein, der mit Feuer und Schwefel brennt; das ist der zweite Tod. Und es kam zu mir einer von den sieben Engeln, die die sieben Schalen hatten, gefüllt mit den letzten sieben Plagen, und redete mit mir und sprach: Komm, ich will dir die Braut zeigen, die Frau des Lammes. Und er führte mich hin im Geist auf einen großen und hohen Berg und zeigte mir die heilige Stadt Jerusalem hernniederkommen aus dem Himmel von Gott, die hatte die Herrlichkeit Gottes; ihr Leuchten war gleich dem alleredelsten Stein, einem Jaspis, klar wie Kristall; sie hatte eine große und hohe Mauer und hatte zwölf Tore und auf den Toren zwölf Engel und Namen darauf geschrieben, nämlich die Namen der zwölf Stämme der Israeliten: von Osten drei Tore, von Norden drei Tore, von Süden drei Tore, von Westen drei Tore. Und die Mauer der Stadt hatte zwölf Grundsteine und auf ihnen die zwölf Namen der zwölf Apostel des Lammes. Und der mit mir redete, hatte einen Messstab, ein goldenes Rohr, um die Stadt zu messen und ihre Tore und ihre Mauer. Und die Stadt ist viereckig angelegt und ihre Länge ist so groß wie die Breite. Und er maß die Stadt mit dem Rohr: zwölftausend Stadien. Die Länge und die Breite und die Höhe der Stadt sind gleich. Und er maß ihre Mauer: hundertvierundvierzig Ellen nach Menschenmaß, das der Engel gebrauchte. Und der Kern der Mauer war aus Jaspis und die Stadt aus reinem Gold, gleich reinem Glas. Die Grundsteine der Mauer um die Stadt waren geschmückt mit allerlei Edelsteinen. Der erste Grundstein war ein Jaspis, der zweite ein Saphir, der dritte ein Chalzedon, der vierte ein Smaragd, der fünfte ein Sardonyx, der sechste ein Sarder, der siebente ein Chrysolith, der achte ein Beryll, der neunte ein Topas, der zehnte ein Chrysopras, der elfte ein Hyazinth, der zwölfte ein Amethyst. Und die zwölf Tore waren zwölf Perlen, ein jedes Tor war aus einer einzigen Perle, und die Straße der Stadt war aus reinem Gold wie durchscheinendes Glas. Und ich sah keinen Tempel darin; denn der Herr, der allmächtige Gott, ist ihr Tempel, er und das Lamm. Und die Stadt bedarf keiner Sonne noch des Mondes, dass sie ihr scheinen; denn die Herrlichkeit Gottes erleuchtet sie, und ihre Leuchte ist das Lamm. Und die Völker werden wandeln in ihrem Licht; und die Könige auf Erden werden ihre Herrlichkeit in sie bringen. Und ihre Tore werden nicht verschlossen am Tage; denn da wird keine Nacht sein. Und man wird die Herrlichkeit und die Ehre der Völker in sie bringen. Und nichts Unreines wird hineinkommen und keiner, der Gräuel tut und Lüge, sondern die geschrieben sind in dem Lebensbuch des Lammes.

Vorwort

Grußbotschaft

Erzbischof Dr. Christoph Schönborn, Kardinal von Wien

Arbeitsskizze,
Landschaftsstudie
in Weihenstephan
Adelheid Schönborn
1963

Matinée in der Kirche von Neuhardenberg,
16. 9. 2018

Wir haben zwei große Texte der Bibel gehört: Ganz am Anfang der Bibel (1. Buch Mose, Kapitel 2) steht die Vision des Paradieses als Garten, der Garten Eden. Ganz am Schluss der Bibel steht nicht mehr das Bild eines köstlichen Gartens, sondern einer Stadt, die Vision des himmlischen Jerusalem (Offenbarung des Johannes, Kap. 21). Liebe Adelheid, so will ich am Ende dieser Matinée nochmals die Frage stellen: Garten und Stadt? Ist es ein »und«, das beide umschließt und verbindet, oder ist es ein »oder«? Garten oder Stadt? Dazu einige Gedanken, die, so denke ich, auch Dein Lebenswerk betreffen.

Der erste Text, der vom Paradiesgarten handelt, spricht über unseren Ursprung, von wo wir herkommen: aus einem Garten, dem Paradies. Aber dieser Ursprung ist verlorengegangen. Der Mensch wurde aus dem Paradiesgarten ausgewiesen, vertrieben, und kein noch so gepflegter und schöner Garten von heute ist diesem verlorengegangenen Paradies zu vergleichen, auch wenn die Gärten immer etwas vom Traum vom verlorenen Paradies verwirklichen wollen. Der Garten – ein Stück Paradies, eine Ahnung davon, ein Versuch, dorthin zurückzukehren. Aber die Bibel sagt uns, das Paradies sei verschlossen. Ein Engel bewacht es und verbietet allen den Zutritt.

Aber das Thema Garten begleitet uns. Die Bibel bezeugt es. Am Schönsten wohl im Hohelied, diesem großen Text über die Liebe, die ihren Ort im verschlossenen Garten hat. Der *Hortus conclusus* ist nicht nur der Ort des innigsten Liebesaustausches. Die Geliebte selbst wird gesehen als dieser verschlossene Garten, zu dem nur der Geliebte Zugang hat.

»So ist es doch wieder ein Garten, in dem das Entscheidende geschieht: der Sieg über den Tod, die Auferstehung.«

Ein Garten aber hat vor allen anderen das Privileg, Zeuge des weltverwandelnden Ereignisses zu sein, des großen Neubeginns. Jesus wurde außerhalb der Stadt gekreuzigt. Die Schädelstätte, der Richtplatz, lag außerhalb der Mauern Jerusalems. Als Jesus nach dem qualvollen Leiden gestorben war, stellte sich die Frage seiner Beisetzung. Und da die Zeit drängte, der große Sabbat des Pessachfestes sollte bald beginnen, fand sich ein beherzter jüdischer Ratsherr, Josef von Arimathäa, der nicht nur bereit war, sich um den Leichnam Jesu zu kümmern, sondern auch das Grab zur Verfügung zu stellen, das er ganz in der Nähe der Richtstätte für sich in den Felsen hat hauen lassen – und das in einem Garten lag. So wurde Jesus in einem Garten beigesetzt.

In diesem Garten, in diesem Gartengrab will eine Jüngerin Jesu, Maria von Magdala, früh morgens nach dem Sabbat, ihre Trauer über Jesu Tod ausweinen. Sie findet das Grab offen und leer. Da steht ein Mann. Sie glaubt, es sei der Gärtner und fragt ihn, ob er den Leichnam Jesu weggebracht habe. Da spricht der vermeintliche Gärtner sie mit ihrem Namen an: »Maria!« Da erkennt sie ihn. Es ist Jesus. Er lebt. Er ist nicht im Tod geblieben.

So ist es doch wieder ein Garten, in dem das Entscheidende geschieht: der Sieg über den Tod, die Auferstehung. Aus dem ersten Garten wurde der Mensch vertrieben. Im Garten nahe von Golgotha hat die Hoffnung über den Tod gesiegt. Nie mehr wird der Tod das letzte Wort haben. Ist es nicht schön, liebe Adelheid, dass der, der lebt und unsere Hoffnung ist, für einen Gärtner gehalten wurde?

Liebe Adelheid! Wir dürfen das Fest Deines Geburtstags in wohl einem der grandiosesten Gärten feiern, die Du gestaltet hast. Du warst Mitwirkende und Zeugin einer Art Auferstehung, des Wiedererstehens von Schloss und Park Neuhardenberg. Du hast daran entscheidend mitgewirkt. Das heutige Fest ist erfüllt von der Freude dieser Art von Auferstehung.

Stadt und Garten – Stadt oder Garten? Die große Schau des Sehers von Patmos, des Lieblingsjüngers Jesu, des Johannes, zeigt die Vision unserer künftigen Heimat im Bild der Stadt, des himmlischen Jerusalem. Es ist kein Tabubruch, wenn ich uns alle, anlässlich Deines Geburtstags, an diesen Ausblick auf das kommende Leben erinnere. Wohin sind wir unterwegs? Was kommt auf uns zu, eine herrliche Stadt und/oder ein lieblicher Garten? Ich kann die Frage nicht entscheiden. Wir alle wissen nicht, was uns jenseits der letzten Schwelle erwartet.

Das uralte Gebet, das jüdische Wurzeln hat, und das seit Jahrhunderten für die Sterbenden gebetet wurde, das in unserer dürftigen Zeit aber weithin vergessen wurde, enthält ein Bild der kommenden Welt, das ich an den Schluss unserer Betrachtung stellen möchte.

Die *Commendatio animae*, so wird dieses Gebet genannt, gewissermaßen die Empfehlung der Seele für ihren letzten Weg, beginnt mit den Worten: »*proficiscere, anima christiana*«. »Brich auf, christliche Seele«. Es wird dem Sterbenden Mut gemacht, loszulassen und sich auf den Weg der Heimkehr zu machen. Wohin soll die Seele aufbrechen? Da wird gebetet, dass »die Engel dir entgegenkommen mögen«. Sie mögen dich geleiten, nicht in die Stadt, sondern ins Paradies, in den verlorenen Garten. Ein Wort berührt mich immer besonders in diesem Gebet: »Mögest du noch heute deine Ruhe finden auf den *amoena virentia*, den lieblich grünenden Auen« des Paradieses.

Fra Angelico hat in Florenz diese *amoena virentia* dargestellt als eine Wiese, auf der die Engel mit den Seligen einen fröhlichen Reigen tanzen. Ob wir schon in der Lage wären, auf den zurzeit leider durch die lange Trockenheit nicht mehr so grünenden Auen des Schlossparks einen Reigentanz zustande zu bringen? Die Botschaft, die ich für Dich, liebe Adelheid, aus diesen kurzen von der Bibel inspirierten Gedanken entnehme, ist die Verheißung, dass alles einmal in einem unvorstellbar schönen und lebendigen Garten seine Vollendung finden wird. In Deinen Gärten dürfen wir schon eine kleine Ahnung davon vorweg genießen. Gott segne Dich dafür!

Einleitung

Geschichte und Geschichten

Adelheid Schönborn

Arbeitsskizze,
Landschaftsstudie
in Weihenstephan
Adelheid Schönborn
1965–1966

Mein Leben neigt sich gen Abend. Ich möchte daher meine Lebensgeschichte erzählen. Nach mancherlei Stolpern über Unwägbarkeiten habe ich großes Glück gehabt. Für dieses Glück möchte ich mich bei der Gesellschaft bedanken mit meinem Buch, in das mein Leben eingebunden ist. Einer der großen Philosophen des 20. Jahrhunderts, Ludwig Wittgenstein, postuliert:

»Erkennen, wer man ist, erkunden, was man will, erfahren, was man vermag, offenen Unsinn und logische Fehler nach Möglichkeiten vermeiden, was sich sagen lässt, lässt sich klar sagen, Praxis trumpft Theorie, und wenn es auf Erden überhaupt etwas zu retten gibt, dann ist es die eigene Seele, nicht aber die ganze Welt.«

Arbeitsskizze, Landschaftsstudie in Weihenstephan
Adelheid Schönborn
1965–1966

Mein Leben beginnt 1938 in Berlin in unruhigen Friedenszeiten. Schon bald zieht die Familie nach Altenmuhr in Franken, ins Altmühltal, wo meine Mutter gebürtig herstammte. Ein Ort wie manch anderer in der Gegend. Seit 400 Jahren lebten in dem kleinen Nest 600 Christen und 200 Menschen jüdischen Glaubens friedlich miteinander. Meine Mutter hatte einen jüdischen Hauslehrer, Herrn Nussbaum, den alle liebten. Unser neues Leben auf dem Land war geprägt von durchziehenden marodierenden Soldaten, von Gefangenen, die auf Strohsäcken im Treppenhaus schliefen und von hetzerischen, menschenverachtenden Parolen unter der Dorfbevölkerung. Aber was wussten wir Kinder schon davon. Mein Vater kehrte nicht mehr zurück aus Russland. Flüchtlingsströme aus Ostpreußen und Schlesien, aus Pommern und Mecklenburg, aus Brandenburg und Thüringen, aus Ungarn, Böhmen und dem Sudetenland. Viele blieben bei uns. Mit 60 Erwachsenen und zwei Dutzend Kindern teilten wir das Haus. Wir schliefen zu fünft in einem Zimmer. Noch heute sind alte Freundschaften lebendig. Ich entzog mich dem Gewimmel und haute oft ab in die Weiten der Natur, den Wiesen und Bäumen, den Wolken und den Schilfgürteln der Altmühl. Ein kleines Beet von einem Quadratmeter Größe war mein Paradies. Da wuchsen Vergissmeinnnicht, Gänseblümchen und irgendwelche Kräuter. Die »Volksschule«, fünf Minuten zu Fuß entfernt, die noch von NS-Parteimitgliedern geführt wurde, war mir egal. Im erdgeschossigen Klassenzimmer mit Ofen, die Klassen 5–8, im 1. Stock die Klassen 1–4. Ich sehne mich nur nach der Natur. Diese Sehnsucht mündete schließlich nach sechs Jahren Gymnasium in Ansbach in eine Berufung. Ich zeichnete gerne und pflückte Wiesenblumensträuße. Ahnungslos und voller Neugierde baute mir ein Freund, der Architekt werden wollte, eine Brücke zu dem Gartenarchitekten Hermann Aldinger. Ein Besuch in Stuttgart, vereinbart per Postkarte, offenbarte mir einen hoffnungsvollen Weg.

Das war meine schulische Karriere – ich ging einfach nicht gerne in die Schule –, und so begann ich nach einem wunderschönen Jahr als Au-pair im Veneto eine zweijährige landschaftsgärtnerische Lehre bei Oliver von Delius in Nürnberg. Eine Lehre »generale«, Stauden, Gehölze, Gemüse, Landschaftsbauarbeiten auf der Basis biologisch-dynamischer Wirtschaftsweise war eine prägende Zeit. In dieser Lebensphase begegnete ich dem großen Geist in Hamburg, dem Gartenarchitekten Gustav Lüttge, unvergessen.

Meine große Liebe zu Blumen lebte ich in einer zweijährigen Blumenbinderlehre (heute nennt man das Floristik) bei Herta Barmetler in München. Ich durfte alleine die festliche Blumendekoration in den Farben Blau, Weiss, Rot für das abendliche Festmahl anlässlich des Besuches von Charles de Gaulle in der Residenz gestalten. Dabei stellte ich fest, dass Blau eine schlechte Abendfarbe ist, Blau braucht Tageslicht. Ich habe noch in den Ohren: »*Vive la Baviere, vive Munich, vive la France, vive tout le monde.*«

Endlich das Studium der Garten- und Landschaftsgestaltung an der Fachhochschule in Weihenstephan (1963–1966). Wie immer sind es einzelne herausragende Persönlichkeiten, die Studienzeiten in Schwingungen versetzen: Gräfin Ursula zu Dohna führte mich in die Urgründe der Gartenkunst. Karl Schwarzenbacher, der begeisterungsfähige, öffnete mir die Augen für die bildende Kunst.

Meine regelmäßige studentische Ferienarbeit bei Alfred Reich in München beschenkte mich mit der neuen Fähigkeit zu sehen und wahrzunehmen. Was nun nach dem Studium?

Einleitung

Arbeitsskizze,
Studienarbeit bei Karl
Schwarzenbacher
in Weihenstephan
Adelheid Schönborn
1965–1966

Arbeitsskizze,
Studienarbeit bei Karl
Schwarzenbacher in Weihenstephan
Adelheid Schönborn
1965–1966

Arbeitsskizze,
Studienarbeit bei Karl Schwarzenbacher
in Weihenstephan
Adelheid Schönborn
1965

Einleitung

Arbeitsskizze,
Studienarbeit
in Weihenstephan
Adelheid Schönborn
1964

Arbeitsskizze,
Studienarbeit
in Weihenstephan
Adelheid Schönborn
1964

Einleitung

Die Sehnsucht nach Italien, deren Wurzeln in meiner Au-pair-Zeit im Veneto lagen, führte mich, das Schicksal meinte es gut mit mir, zu Prof. Pietro Porcinai (Architekt und Gartenarchitekt) nach San Domenico in Florenz. Als »Prima progettista« wurde mir eine neue spannende Aufgabe in einem sehr ungewöhnlichen Büroalltag übertragen. Viele Menschen, vom Bleistiftverwalter bis zum unerbittlichen, hochbegabten Häuptling begleiteten mich. Besprechungen fanden häufig am Bahnhof auf der Durchreise des »professore« von Projekt zu Projekt statt. Er hat mich mit seiner unerbittlichen Suche nach der reinsten und besten Lösung zugleich gequält und reich beschenkt. Monatliches Geld gab es selten. 1968 dann das Wagnis in die bescheidene Selbstständigkeit in München. Ein Zeichentisch, ein Telefon, Bleistift und Papier, ein Bett, ein Stuhl, ein Kasten, ein Zimmer in Schwabing. Es reichte für kaum mehr als die Miete. Es war eine Zeit, in der Bauhandwerker einer Frau auf der Baustelle noch hinterherpfiffen. Meine ersten kleinen Gartenentwürfe habe ich Architekten zu verdanken, die mir vertrauten. Indessen hatte ich die Dynamik der Entwicklung zu größeren Arbeiten nicht in der Hand. Plötzlich war ich konfrontiert mit den Fragen nach der Geschichte eines Ortes, nach gartendenkmalpflegerischen Gesichtspunkten. Wie werde ich den spezifischen Merkmalen eines Ortes gerecht? Wie ist der Zustand des Ortes, den ich zeichnerisch und bildlich festhalten muss? Was sind die Absichten des Bauherren, der Bauherrin? Mein Wissen, meine Beratung, ein diskursiver Prozess mit Begehungen vor Ort, mit gestalterischen Vorschlägen sind gefragt. Ich muss versuchen, mein Bestes zu geben. Es geht um ortstypische Räume, um ortstypische Pflanzen, um passende Materialien und Formen, um Details, um die gerungen wird, bis sie endlich passen und den Ort in seiner Schönheit erhöhen. Bin ich diesen Herausforderungen gewachsen? Durch viele fruchtbare Gespräche, durch unvergessene Reisen quer durch Europa in die berühmtesten und schönsten Gärten mit ICOMOS-IFLA (International Council on Monuments and Sites - International Federation of Landscape Architects) und den internationalen Dendrologen durfte ich mein »Erkennen von fundamentalen Fragen der Gartenkunst« vertiefen. In Fontainebleau leitete uns Prof. Pechère an, alle Proportionen des Gartens zu begreifen, durch Vermessen der Stufen, der Wasserbecken, der Räume. In Versailles diskutierten wir gemeinsam mit Künstlern anderer Berufe über die Beziehung von Gartenkunst und Musik, Malerei und Theater. Er zeigte uns, wie weit und schön die Welt ist, wenn wir uns ihr öffnen. Prof. Pechère habe ich sehr viel zu verdanken.

Eine Reise nach China 1985 eröffnete mir die faszinierende Welt von Landschaften und hoch ummauerten Gärten. Tschu En Lai hatte in Heidelberg studiert. Er war ein kultivierter Mensch und hat die alten Zengärten vor der Kulturrevolution gerettet, indem er sie zusperrte. Diese großartige Welt der ältesten Gärten mit Baumriesen, Teichen mit Lotusblumen, Brücken und Steinsetzungen hat mich tief beeindruckt. Der damalige deutsche Botschafter in Peking, Per Fischer, führte uns an die schönsten Orte, unvergessen.

Mein Gartenleben ist geprägt vom Lernen, Zuhören, Hinschauen, Wahrnehmen, Vermitteln und Diskutieren. Ist es nicht denkbar, dass höchstens die Hälfte meiner Aufgaben fachliches und künstlerisches Können ist, während für die andere Hälfte höhere Psychologie gefragt ist?

Aquarellzeichnung,
Chinesische Landschaften
Strohvorräte am Kaiserkanal
Adelheid Schönborn
1985

Aquarellzeichnung,
Chinesische Landschaften
Wuxi
Adelheid Schönborn
1985

Mit diesem Buch unternehme ich nun den Versuch, anhand meiner mir wichtigsten Projekte zu zeigen, was Garten und Landschaft und ihre Geschichte für mich bedeuten. Terrassen, Höfe, Gärten, Parks und Landschaften sind Sinnbilder für Kultur, im Bewusstsein sich weiter zu entwickeln.

Niemand kann ein Buch allein schreiben! Daher möchte ich allen Autoren besonders danken für ihre Begleitung meiner Projekte und ihre spontane Bereitschaft, darüber zu schreiben. Ich möchte vor allen Dingen meinen beiden Kindern danken für ihre grenzenlose Liebe gemischt mit gepflegter Kritik.

Nach 78 Jahren kehrte ich wieder an den Ort meiner Kindheit zurück. Die Schöpfungsgeschichte wiederholt sich jeden Morgen. Das Glück mit der Großfamilie, die Enkelkinder heranwachsen zu sehen, mit einem offenem Haus und mit den Experimenten der Gartenwerkstatt beflügelt mich, bis ich sterbe.

Aquarellzeichnung,
Chinesische Landschaften
Das Tal der Ming-Gräber
Adelheid Schönborn
1985

Aquarellzeichnung,
Chinesische Landschaften
Tai-Hu See
Adelheid Schönborn
1985

»Ein Zeichentisch, ein Telefon, Bleistift und Papier, ein Bett, ein Stuhl, ein Kasten, ein Zimmer in Schwabing.«

Bauherr	Dr. Axel Springer, Hamburg
Architekten	Eduard Brinkama und Peter Jebens
Gartenarchitektin	Adelheid Schönborn
Mitarbeiterin	Monika Castell (1968–1972)
Gartenausführung	Klaus Hildebrandt, Garten- und Landschaftsbau, Hamburg
Steinlieferung	Straßen und Plätze: Meissner Granit
	Terrassen: Elbsandstein (ehemalige DDR)
Pflanzenlieferung	Fa. Lorenz von Ehren, Hamburg
Fläche	ca. 10 ha
Bauzeit	1969–1973
Fotografie	Philipp Schönborn, 1969–1973
	S. 23, 36 und 37:
	Jochen Knobloch, aereoverde, 2013
	Fielmann Stiftung,
	Park Gut Schierensee,
	Schleswig-Holstein

1

Gut Schierensee

Spaziergang 1
Schleswig-Holstein
1969–1973

Ein Garten geht in die Landschaft

Fast unmerklich, aber geometrisch geordnet, leiten hunderte Rosen und tausende Buchsbäume in eine ungeordnete Landschaft aus weiten Wiesen, Wäldern und Seen, die die Bäume und den Himmel widerspiegeln. Die Geschichte von Gut Schierensee beginnt bereits im 18. Jahrhundert. 200 Jahre später wird sie zu einem Kapitel in meiner ganz eigenen Geschichte. Die Wiederinstandsetzung des alten Kulturguts ist mein erstes großes Projekt, der Beginn einer aufregenden Zeit mit der stets gegenwärtigen Frage: Werde ich dem gewachsen sein?

Schierensee um 1585
Buch »Schierensee.
Geschichte eines Gutes in Holstein«
Karl Wachholtz Verlag, Neumünster
Carl-Heinrich Seebach

Gut Schierensee

Einzigartiges Gartenkunstwerk

»Non mihi sed posteris.« – »Nicht für mich, sondern für meine Nachkommen.« Unverändert trotzt die Inschrift über dem Eingangsportal des Herrenhauses von Gut Schierensee und lässt dessen wechselhafte Historie bereits erahnen. 1752 erwirbt Caspar von Saldern, ein russisch-großfürstlicher Staatsminister der Zarin Katharina II., das Anwesen und lässt das Herrenhaus in den Jahren 1774 bis 1782 nach den Plänen des Architekten Johann Adam Richter erbauen. Südlich davon erhebt sich die bewaldete Anhöhe Heeschenberg. Hier errichtet Caspar von Saldern fast zeitgleich einen Eremitage-Garten, der über die Landesgrenzen Schleswig-Holsteins hinaus als einzigartiges Gartenkunstwerk wahrgenommen und von dem berühmten Gartentheoretiker Christian Cay Lorenz Hirschfeld begeistert beschrieben wird.

»Man sieht hier Natur und Geschmack im Wetteifer, einen Sommersitz zu bilden, der, nach dem Geständniß der einheimischen und auswertigen Kenner, zu den ersten Merkwürdigkeiten der Gartenkunst nicht blos in Schleswig-Holstein, sondern in Deutschland gehört«, urteilt Hirschfeld in seiner »Theorie der Gartenkunst«.

linke Seite unten:
Der Gutshof Schierensee
gezeichnet von
Hans Creutzfeld
1810

rechte Seite oben:
Gut Schierensee
gezeichnet von
A. Hornemann
um 1850

rechte Seite unten:
»cour d'honneur«
mit Kavaliershaus
vor der Restaurierung
in den 1960er Jahren

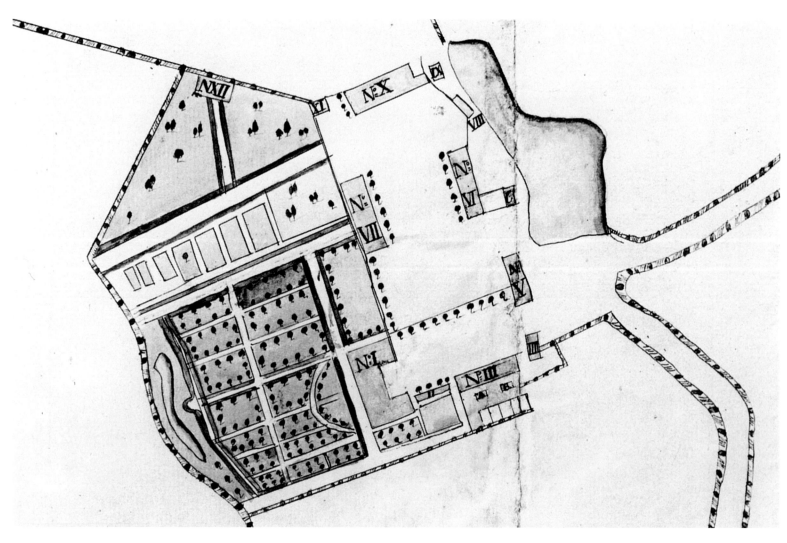

Auszüge aus dem Buch
Christian Cay Lorenz Hirschfeld
»Theorie der Gartenkunst«
Mit einem Vorwort von
Hans Foramitti
Georg Olms Verlag,
Hildesheim, New York
1973

I.
Beschreibung des Heeschenbergs.*)

Zwo Meilen von Kiel nach der westlichen Seite hin, erhebt sich in dem adelichen Gute Schirensee der ansehnliche Heeschenberg, dem die Natur eine reizende Lage mitten in einer fruchtbaren und bebaueten Landschaft, eine reiche Bekleidung mit Waldung, mannichfaltige Ungleichheiten und Abhänge zur Vervielfältigung der innern und äußern Prospecte gab.

Die Landschaft umher vereinigt alle Annehmlichkeiten der ländlichen Natur in bescheidener Einfalt. Keine prächtige, der Bewunderung oder des Erstaunens würdige Gegenstände, keine Gebürge, keine Felsen, keine von ihnen herabhangende Wälder, keine Aussichten auf die Unermeßlichkeit des Meers. Aber dagegen alles, was den Charakter der angenehmsten Landschaft bilden, was sanfte Ruhe und reine Naturfreuden einflößen kann. Ueberall umher beständige Abwechselung und Unterbrechung von Anhöhen und Vertiefungen, einzelnen Bäumen und Gruppen, Waldungen und Gebüschen, eingezäunten Wegen und Feldern, Wiesen, Viehtriften, reifenden Saaten, deren Glanz auf den Hügeln zwischen dunklern Einfassungen hervorspielt — alles in einer malerischen Lage und verschwenderischen Verschiedenheit der Verbindung. Mit einem noch höhern Reiz hat die Natur die südliche und westliche Gegend ausgezeichnet. Hier wird das Auge durch sanfte Erhebungen des Bodens, durch einige hinter einander aufsteigende Berge, auf deren Abhängen Viehweiden grünen und Kornfluren schimmern, und auf dem Hintergrunde dieser Anhöhen durch einen Kranz von schönen Wäldern ergötzt, die aus verschiedenen einzelnen Massen bestehen, aber dennoch in der Aussicht zusammenhängen, und einen herrlichen Umzug

---

*) Ein Park in dem adelichen Gute Schirensee in Holstein, dem rußisch-kaiserlichen wirklichen Geheimenrath und Staatsminister, vormaligen Ambassadeur und Principalcommissarius, Ritter vom Elephanten- und andern Orden, Herrn Caspar von Saldern zuständig.

zug bilden. In dem ganzen Bezirk ist alles Ländlichkeit, Einsamkeit, Ruhe; alles sanft und milde, in stille Anmuth dahin gegossen, erquickt und erquickend für jedes empfindsame Herz, das sich diesen Scenen nähert. Ihren Eindruck verstärkt noch die Stille, die hier herrscht, die von nichts unterbrochen wird, als zuweilen von dem muthigen Gebrüll umhergrasender Heerden und von den Gesängen der Vögel, die in diesen waldigten Revieren frohlocken.

Dieser Ort schien nach seinem Charakter und nach seinen Wirkungen vorzüglich von der Natur zum Ruheplatz eines Geistes bestimmt, der von den großen Geschäften der Welt zurückkehrt zu der Einsamkeit des geliebten Landes, der seinen Abend im eigenen ruhigen Schatten feyern will, unter dem Nachgenuß seiner öffentlichen Verdienste, und unter der stillen Wonne eines wohlthätigen Privatlebens. Wie verändert, und doch wie reizend und belebend! Kein Sturm der Höfe, kein Zwist der Könige mehr; die ganze Welt scheint von hier aus besänftigt und befriedigt. Alle Scenen umher winken Ihm Ruhe und sanfte Erquickung zu. Indem Er hier unter den Empfindungen, womit Ihn Natur und Zurückerinnerung lohnen, umherwandelt, so steigt der Mond hinter den Wäldern herauf, und bescheint die selige Scene mit stillem Beyfall; unterdessen noch die westliche Spitze der umliegenden Waldung sich erheitert gegen den Schimmer der Abendröthe malt, die am Horizont länger zu verweilen scheint.

Der Charakter der Ruhe und der ländlichen Erfrischung, den die Natur der Landschaft eingeprägt hat, ist auch durch alle Anlagen und Einrichtungen fortgesetzt, die Geschmack und Kunst hinzugefügt haben. Denn sich blos mit Bewohnung und Genuß begnügen, konnte nicht der thätige Geist des Besitzers; gewohnt zu schaffen, breitete er auch hier seine Wirksamkeit in mannichfaltigen Verschönerungen aus.

Auf der Höhe des waldigten Heeschenberges zeigt sich zuvörderst der große Pavillon, ohne Pomp, aber in einem reinen und edlen Geschmack der Architektur, mit der Vorderseite gegen Abend gerichtet.

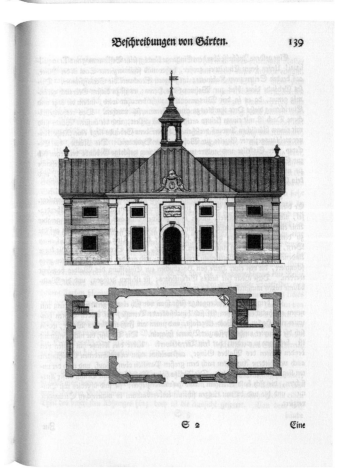

Eine goldene Inschrift über dem Eingange kündigt seine Bestimmung an: Tranquillitati! Unten beym Eintritt ein großer, hoher und schönverzierter Saal in der Mitte, auf beyden Seiten zwey Kabinette; im zweyten Stockwerk die Schlafzimmer. Dieses Gebäude dient blos zur Wohnung des Herrn; es ist zu diesem Gebrauch geräumig genug, da es in den Wintermonaten nicht bewohnt wird, indem die Lage und Einrichtung dieses Orts ihn blos zu einem Sommersitz machen. Das rothangestrichene Dach ist mit einem kleinen artigen Thurm geziert, und die äußern Wände sind mit einem bläulichen Anwurf versehen. Hinter dem Gebäude liegt eine Reihe kleiner wohlausgezierter Gezelte zur Wohnung der Bedienten. Die Küche, die Beckerey, der Eiskeller und andere zur Haushaltung gehörige Gebäude verbergen sich zur Seite im Gebüsch; sie liegen so tief im Schatten, daß der nahe Umhergehende sie nicht bemerkt; keine Sonnenstralen dringen in diesen verschlossenen Platz, und kein Geräusch verräth die Beschäftigung.

Auf dem Vorplatz des Pavillon ist ein kleiner Lindengang mit Sitzen angelegt. Er dient sowohl in kühlen Stunden zum Theetrinken, zum Spiel und zur Abendtafel, als auch zum Prospect, indem man zwischendurch aus dem Saale in gerader Linie eine angenehme Aussicht auf einen Strich von Wiesen und Feld, sodann auf die zu dem adelichen Gute gehörigen Hofgebäude in der Tiefe, hinter ihnen auf einen Berg, und endlich auf einen schönen Wald hat, der die Scene schließet. Die kurze Lindenallee hat in der Mitte einen breiten Gang, und auf den beyden Außenseiten zwey schmalere, die von einer Hecke von Hagebuchen zur Einfassung des Waldes begränzt werden. Diese Hecke hat nichts Gekünsteltes; sie ist frey gezogen, und die Waldbäume ragen unmittelbar über sie empor.

An dem Ende des Lindengangs sieht man vor sich in gerader Richtung mit neuen ansehnlichen Absätzen tief sich hinabsenkende Terrasse, auf beyden Seiten hinunter mit Hecken und Wald eingefaßt, und unten am Fuß ein kleines Wasser, worin sich die Häupter umhergepflanzter Bäume spiegeln. Die Terrasse, die nicht bestimmt ist, bestiegen zu werden, hat kein Treppenwerk. Ueber die Absätze hin laufen von beyden Seiten des Waldes Gänge, auf welchen man in verschiedenen Erhöhungen auch verschiedene Aussichten nach dem großen Pavillon oben hinauf, und nach der unten liegenden Landgegend hat. Die Absätze haben Ruhebänke zum Genuß dieser Aussichten, die sich bald erweitern, bald zusammenziehen; sie sind überdies mit Blumen, und hie und da mit einigen schönen Lorbeerbäumen in malerischen Stellungen verziert.

Zur linken auf dem Platz vor dem Pavillon hat unter schattigten Kastanienbäumen an einem niedrigen Gitterwerk, das den Rand dieser Anhöhe einfaßt, und mit wohlriechenden Blumen bepflanzt ist, einen herrlichen Sitz. Man sieht über einen großen dickbuschigten, auf den Seiten mit hohen Bäumen verschönerten Vorgrund, der sich an diesem mittägigen Abhange des Berges hinunterzieht, und eine schöne waldigte Scene bildet, in eine ansehnliche Vertiefung hinab, worin man einen Fischteich, ein angelegtes Wasser, erblickt. Seine Ufer sind ringsumher mit Rosengebüschen bekränzt; auf jener Seite ist noch eine junge Pflanzung von Kastanien, die in der Folge zur Verschönerung des Wassers beytragen wird. An dem diesseitigen Ufer glänzt ein Blumenbeet mit lebhaften und abwechselnden Farben, die man, indem man unten wandelt, durch den Widerschein im Wasser ein neues Schauspiel bilden sieht. Man erblickt von oben herab am Teiche einen Sitz zum Vergnügen des Fischfangs, verschiedene Bänke, und zur Rechten ein steinernes mit Stroh gedecktes Gebäude, das sich in diesem Prospect gut auszeichnet. Ueber das Wasser hin sieht man noch in der Tiefe den größten Theil von einem Lustgebüsch, woraus hin und da hohe Bäume hervorsteigen, das mit schlängelnden Gängen durchschnitten ist, und mit einem kleinen Wasserfall belebt wird. Hinter dieser Scene fängt die Landgegend an sich zu erheben. Zwischen den hohen Bäumen im Gebüsch hindurch sieht man eine Reihe von Hügeln und Bergen aufsteigen, worauf Viehweiden und Kornfelder durchschimmern. Weiter nach der Westseite hin schwellen die Berge höher empor; sie zeigen sich alle in ihrer nicht gar beträchtlichen Entfernung dem Auge deutlich; ihren Gipfel krönt von der ganzen Mittagsseite an bis über die Abendseite hinaus eine Reihe von Wäldern, in deren verschiedene Oeffnungen sich hin und wieder Saatfelder mit hellern Farben hineinziehen, und das Gemälde mit einem höhern Contrast des Lichts und des Schattens beleben. In diesen Zwischenräumen wird das Auge zuweilen von einer zufälligen Erscheinung zur Verwunderung überrascht. Indem die Höhen der hintern Saatfelder über die sich diesseits herabziehende Waldung hervorragen; so scheint oft der Pflug in den Gipfeln der Bäume zu irren, oder der Mäher mit seiner Sense die Krone des Waldes zu bedrohen. — Die Wälder beschließen den Gesichtskreis, und verhüllen die Landschaft in ihre Einsamkeit.

Geht man zur Linken des großen Pavillon seitwärts in die Vertiefung hinunter, so stößt man bald auf ein kleineres Gebäude mit einem rothen Dach und bläulichen Anwurf, das ein Wohnzimmer und ein Schlafkabinet enthält. Man sieht hier in einen Theil des buschigten Abhanges hin; doch ist die Aussicht gesperrt. Von dem Gebäude

läuft ein Weg nach der Morgenseite des Berges ab, wo der Blick von umzäunten Wiesen zu einer Anhöhe sich erhebt, und auf ein Stück Waldung ruht; ein andrer Gang, gerade von dem Eingange weg, schlängelt sich zur Vertiefung hinunter. Ist man hinabgestiegen, so zeigt sich die Spitze des Pavillon auf der Höhe zwischen den Bäumen sehr malerisch. Eine zum Fischfang bequeme Brücke, die über einen Canal führt, aus welchem das Wasser zum Teiche sich sammelt, ist zugleich mit einem Sitze versehen; man überschaut hier in der Nähe das Wasser, die Blumen und ihren Widerschein, das mit Stroh gedeckte Haus, das mit der Inschrift: Bon-Bon bezeichnet ist, und ringsumher einen waldigten Umzug.

Beym Herumirren in dem Lustgebüsche sieht man darin kleine Canäle, die dem Teich das Wasser zuführen, sich schlängeln, und hohe, glatte, schlanke Ellern in die Luft steigen. Das Gebüsch, das aus einem Gemisch von Ellern, Hagebuchen, Quietschern u. a. besteht, ist niedrig, dünne, lustig; es zieht sich mit seinen schlängelnden Pfaden eine ganze Strecke nach der Morgenseite am Fuß des Berges hin, und hat Bänke, die zum Ausruhen einladen. In diesen Gängen hat man fast immer den Thurm des großen Pavillon auf der Anhöhe im Gesicht.

Nach der westlichen Seite hin kommt man, bey dem Ausgang aus dem Gebüsch, zu dem Gebäude Bon-Bon, und von da zu einer großen Grotte. Man läßt auf dem Wege zur Linken eine kleine Insel liegen, die mit einer weißen Urne und mit Blumen geziert ist; das Wasser hat einen Absall, und hilft weiter unten Wassergüsse bilden. Die Grotte ist ein starkes Werk von Steinen. Sie ist sowohl vorne, als auf beyden Seiten, große Oeffnungen ohne Thüren. Sie ist geräumig, hoch, kühl, und inwendig an den Wänden mit Steinchen natürlich ausgelegt. Sie ruhet im Schatten hoher Bäume. Gerade vor der mittlern Oeffnung liegt ein Felsenwerk, worüber sich ein Wasserfall mit drey ziemlich großen Absätzen stürzt, in dessen Getöse sich das Rauschen überhängender, schwankender Bäume mischt.

Von dieser Grotte schlängelt sich ein sehr anmuthiger Weg den Berg hinauf; ein andrer führt unten an seinem Rande weg, bey einer Reihe von Wassergüssen, Brücken, einem Teiche und kleinen Rasenstücken. Auf diesem Wege hat man an der Abendseite allmählige Erhöhungen von Bergen, vorliegende und zurückweichende Wälder, den Hof mit seinen Gebäuden und dem neuen im reinen Architecturgeschmack erbaueten herrschaftlichen Wohnhause, *) und weiter nach Norden hin eine reich ausstaffirte Landschaft in einer freyen Aussicht.

Auf den Gängen, die auf dem westlichen Abhange des Berges laufen, erblickt man jene Gegenstände wieder, aber in einem veränderten Prospect, indem sie sich mehr in die Tiefe zurückziehen, und nur hie und da gebrochen durch die Zwischenräume der Bäume schimmern. In dieser Aussicht wird das unten liegende Wasser wichtiger, weil es, ohne eine deutliche Bezeichnung seiner Umgränzung, zwischen den kleinen Oeffnungen des Laubwerks größer scheint.

Auf einem dieser Wege, die sich nach der nördlichen Seite des Berges ziehen, kommt man bey einem Gebäude vorbey, das der Einsamkeit gewidmet ist, wie nicht allein seine Inschrift, sondern auch seine Lage bezeigt. Es entfernt sich zur Linken etwas von dem Wege, und zieht sich in die Dämmerung umschattender Bäume hinein. Die Lage ist, wie sie seyn muß, verborgen, ruhig, umschattet; alle Aussicht wird ihm gehemmt; doch hat das Gebäude, das aus einem Wohnzimmer mit einer Schlafstelle besteht, einen kleinen artigen Vorplatz.

Verfolgt man den Weg weiter, so kommt man bald auf einen runden Platz, an welchen ein anderes kleines aus Einem Zimmer bestehendes Gebäude stößt, das wegen der ausgebreiteten und herrlichen Aussicht, womit das Auge hier gegen Norden überrascht wird, sich mit der Ueberschrift: Bellevue, unterscheidet. Man wird von diesem auf viele Meilen sich verbreitenden, reichen und überaus erfrischenden Prospect um so mehr ergötzt, da man eben aus einer verschlossenen Scene getreten ist. Unmittelbar vor sich hat man eine lange, auf beyden Seiten von Waldung eingefaßte, besteigbare Terrasse, mit vielen Absätzen und bequemen Stufen von Rasen, auf welchen man an den Fuß des Berges hinabgehen kann. Im Vorgrunde erscheinen Wiesen, Viehtriften, Felder und einige Häuser. Weiter hin wird das Auge durch einen schönen See erfrischt, mit dessen Klarheit in dunkler zur Rechten angränzender Wald einen reizenden Contrast macht. Ueber ihn hinaus Kornfelder, Dörfer, Waldungen, bey hellem Wetter zwey adeliche Höfe, wovon Kleinnordsee auch ohne Fernglas sichtbar ist, und andre Abwechselungen und wunderbare

*) In andern Provinzen von Deutschland würde man es ein Schloß nennen. Man sehe den Aufriß am Ende dieser Beschreibung.

Gut Schierensee

Mit der detaillierten Beschreibung des Gartenhistorikers Hirschfeld liegt uns in »Theorie der Gartenkunst« eine faszinierende Fachperspektive auf diese Epoche vor.

derbare Mischungen in einer bis in den blauen Dunst am Horizont hin sich verlierenden Landschaft. Diese Aussicht ist die weiteste, freyeste und heiterste, die man von dem Berge genießt, da sie auf den meisten übrigen Seiten von umliegenden Wäldern begränzt wird. Sie bringt eine liebliche Erfrischung in das Gemälde, ohne den Charakter des Ganzen, Ruhe und ländliche Einsamkeit, zu verändern, indem kein Getöse in der Nähe, keine starke Bewegung umher vorhanden ist, sondern vielmehr über diesen in die Ferne hin sich verbreitenden Scenen die Stille der friedeathmenden Natur schwebt.

Wendet man sich von dieser Aussicht rückwärts hin, so erblickt man über einen geraden und breiten Gang hinauf die eine Seite des großen Pavillon. Doch wird man sich vorzüglich das Vergnügen machen, von der Terrasse weg nach dem nordlichen Abhange des Berges seinen Weg zu wählen. Hier tritt man gleich in ein sehr anmuthiges, einsames und schattenreiches Revier. In der Höhe und in der Tiefe der abhangenden Seite laufen verschiedene Gänge. Kühlung und liebliche Spiele des Lichts und des Schattens schweben hier zwischen den hohen Bäumen umher. Von oben fallen zerstreut die Blicke der Sonne durch; von der linken Seite her schimmert die Landgegend mit nahen Wiesen, wellenförmigen Erhebungen und Kornfeldern hie und da in gebrochenen Durchsichten. Ein steinernes Gebäude bietet unten einen kühlen und einsamen Sitz zur Ruhe und Selbstbetrachtung an, wozu es allein bestimmt ist. Man sieht von diesem Sitze ganz nahe vor sich einen Theil einer großen Wiese und ein Stück von Wald, das Ende von dem Kranze, der sich von der Morgenseite an auf den mittägigen Anhöhen herum bis über die Abendgegend hinauszieht; noch zeigen sich zur Rechten eingezäunte Felder und einzelne Häuser; zur linken Hand aber verbirgt sich das neue herrschaftliche Wohnhaus.

Etwas weiter führt eine weiße Pforte in eine neue Anlage von einem überaus angenehmen und sanften Charakter. Sie liegt an dem äußersten Rande des Berges, zieht sich von der Nordseite nach Morgen herum, und besteht aus einer buschigten Anhöhe und einer jungen Pflanzung, zwischen welchen sich in einer fast ganz von der Natur gebildeten Vertiefung ein nicht sehr großes, aber reines Wasser herum umschlängelt. Auf einem mit Hagebuchen, Nußbäumchen und Blumen bepflanzten Wege wandelt man an den Fuß eines kleinen Hügels hin, der überall mit einem kurzen und dicken Gebüsch von mannichfaltigen Bäumchen und Sträuchen eingehüllt ist. Zwey schmale Pfade schlängeln sich in diese kleine zauberische Wildniß hinauf, irren umher, und laufen auf der andern Seite wieder hinab zu einem Theil des Wassers, an welchem sich ein freyer Weg herumwindet. Zwey anmuthige mit Blumen und Rasenstücken umkränzte Sitze unter Bäumen am Wasser locken hier nicht vergebens; man nimmt mit Vergnügen eine Ruhestelle ein, um eine so liebliche Scene länger zu genießen. Man geht über einen Damm, unter welchem das Wasser zur Wässerung auf die große Wiese geleitet wird, wovon man vorher aus dem steinernen Gebäude einen Theil sah, die sich aber hier in ihrem ganzen schönen Umriß auswickelt. Von dieser Stelle genießt man wieder eine reizende Aussicht nach dem neuen herrschaftlichen Wohnhause und den Gutsgebäuden, nach der Kette von Bergen, die sich aus verschiedenen Niedrigungen hinter einander erheben, nach den Wäldern auf den Höhen umher, mit ihren materialischen Zwischenräumen hin. Das Wohnhaus senkt sich mit den benachbarten Gebäuden in eine kleine Vertiefung zwischen den Bergen; hinter ihm erhebt sich ein Wald, der, wiewohl er entfernt ist, in dieser Richtung ganz nahe daran zu stoßen scheint; zur Rechten breitet sich die mehr flache Landgegend mit sanften Erhebungen, Kornfluren, einzelnen Bäumen, Gebüsch und Einzäunungen aus. Ueber den Damm führt der Weg in die junge Pflanzung, die aus verschiedenen wilden Geschlechtern, Hagebuchen, Ypern, Quitschern, Tannen u. a. besteht, und mit der Zeit viel verspricht; sie geht an dem Rande des Wassers hinauf, wendet sich zur Rechten, und verbreitet sich zu mehr Gängen; ungefähr in der Mitte des Bezirks, den sie auf dieser Morgenseite einnimmt, erhebt sich ein runder mit Kastanienbäumen umkränzter Platz, wovon man ringsumher eine freye angenehme Aussicht genießt, besonders nach der Gegend zurück, woher man kam. Zwey Dämme, bey welchen kleine Wassergüsse rauschen, und der Freund des Fischfangs mit der Angelruthe die Spiele der forglosen Forelle unterbricht, laufen über das Wasser, und verbinden die Pflanzung mit einem kleinen, zierlichen und anmuthigen Fruchtgarten, der an den Fuß des Berges schmückt. Vor dem zweyten Damm liegt ein steinernes Gebäude, zu Sitzen bestimmt, die eine Aussicht auf einen Theil des Gartens und auf die sich erhebende Waldung des Berges geben. Man erblickt hier noch drey Gebäude, die Gärtnerwohnung am Ende der Pflanzung, im Fruchtgarten ein anderes mit guten Zimmern versehenes Haus, und weiter hinauf, queer über eine mit Quitschern und Tannen besetzte Allee, das Wirthshaus auf einem Hügel am Walde, das von dieser Lage und von der Nachbarschaft kleiner Viehweiden umher ein sehr anmuthiges ländliches Ansehen gewinnt.

Man kann von dieser Seite verschiedene Wege und Terrassen wählen, um in die Spaziergänge des östlichen Abhanges des Berges zu gelangen. Von zwo Terrassen, die mit steinernen Treppen zwischen der Waldung hinaufsteigen, führt eine gerade zu einem Pavillon hinauf.

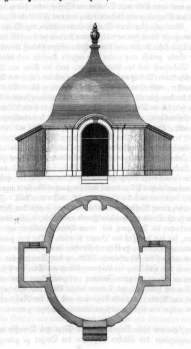

Dieses Gebäude verdient den nächsten Platz nach dem großen Pavillon, wovon es auch weniger als die andern entfernt liegt. Es ist rund, hat ein graues Schieferdach von dieser Form, und an den äußern Wänden einen bläulichen Anwurf. In der Mitte ein runder, mit Geschmack verzierter Saal; auf jeder Seite ein Schlafkabinet. Der Saal hat keine Fenster in den Wänden; die Erleuchtung fällt von oben durch zwey Ochsenaugen im Dach und durch die Glasthüre. Die Aussicht von hier ist in einem sehr landmäßigen Stil. Man sieht kein Wasser, blos Felder, mit Gebüschen, einzelnen Bäumen, Zäunen und Wald unterbrochen, womit die Landschaft in die Ferne zu verwildern scheint, unterdessen daß in gerader Richtung ein weißer Dorfkirchthurm aus der waldigten Verdunkelung emporsteigt.

Kehrt man von diesem kleinen Pavillon zu dem großen zurück, so blickt man bald zur linken über einen Weg, auf welchem die Auffahrt geschieht, nach einer Senkung des Berges hinab, worauf sich die untere Gegend mit kleinen eingezäunten Stücken von Feld und Wiesen wieder zu einem Walde hebt, vor dessen Eingang eine Bauerhütte ruhet.

Die Vielheit, die Bequemlichkeit und die Abwechselung der Gänge, die auf allen Seiten in der Waldung des Berges herumlaufen, und nach und nach zu allen merkwürdigen Scenen führen, macht einen wichtigen Theil von den Annehmlichkeiten dieses Parks aus. Einige Wege sind so breit, daß sie befahren werden; andre Gänge laufen zuweilen in schmale Fußpfade über. Bey Auffahrten und Zugängen zum Hauptgebäude sind sie, wie sie seyn sollen, in gerader Linie; in andern Gegenden, wo das Umherirren ergötzt, oder der Gehende auf eine Ueberraschung geleitet werden soll, schlängeln sie sich in abwechselnden und ungekünstelten Wendungen. Die Gänge scheinen hier gleichsam in einer beständigen Bewegung zu seyn, so sehr auch Unbeweglichkeit ihr Eigenthum ist; bald steigen sie, bald senken sie sich wieder, nach den Abhängen und Ungleichheiten des Bodens, die so viel zur Veränderung der Scenen und der Prospecte beytragen. Hie und da sind sie mit Hecken eingefaßt, die ein natürliches Ansehen haben, da sie den Waldbäumen zu einer Art von Umkränzung dienen. Zuweilen laufen die Wege frey und offen; zuweilen im Schatten. Wo es die Beschaffenheit des Bodens erfodert, da wechseln sie mit bequemen Treppen von Steinen oder Rasen ab. An verschiedenen Stellen breiten sie sich zu runden Plätzen aus, die mit schönen Bäumen umkränzt und mit Bänken verziert sind.

Unter den schön gewachsenen Buchen des Waldes sind Eichen, Espen, Quitschern, Tannen und andre Geschlechter gemischt. Die lichten Stellen wechseln mit dunkeln ab, wo dickes Untergebüsch den vielen und mannichfaltigen Waldgängern, die sich hier zu wohnen freuen, eine ungestörte Freystätte anbietet. In einigen Gängen erhe-

erheben sich die Bäume zu einer Höhe, die ein Gefühl von Würde und Erhabenheit einflößt, zumal wenn ihre Gipfel mit feyerlichem Geräusch an einander schlagen. Bald hängt eine tiefe Ueberschattung über den Weg; bald lacht die Freundlichkeit des Himmels zwischen den Spitzen herab; man schauet hinauf, und erheitert kehrt der Blick zurück. Bald verschließen sich die Aussichten von allen Seiten; bald eröffnen sie sich wieder, hier ganz, dort halb; bald brechen sie auf einmal unerwartet hervor in gerader Richtung mit lebhafter Ueberraschung; bald enthüllen sie sich in allmähligen Wendungen und durch den Genuß einer längern Unterhaltung.

Eine vorzügliche Verschönerung geben die angezeigten verschiedenen Gebäude, die in der Waldung hin und wieder zerstreut sind, und die man als eben so viele Tempel der Gastfreundschaft ansehen kann. Denn sie dienen nicht blos zur Bezeichnung der Prospecte, oder zur Belebung der Scenen; sie sind zugleich Wohnungen und Schlafkabinette für Fremde, die das Glück haben, von der Freygebigkeit des Besitzers bewirthet, und von seinem Geiste unterhalten zu werden. Alle diese kleinen Gebäude empfehlen sich durch die Schönheit ihrer Lage, durch die Bequemlichkeit ihrer Einrichtung, und durch den reinen prunklosen Geschmack ihrer Auszierung. Die Einrichtung solcher Lusthäuser zur Bewohnung ist hier eine ungemein anmuthige und vortheilhafte Erfindung. Sie giebt dem Gemälde eine neue Erfrischung durch die Vorstellung von Gastfreundschaft, von Freyheit und Ungezwungenheit. Auch wird dadurch der Charakter der Ruhe und ländlichen Einsamkeit, der durch das Ganze herrscht, glücklich beybehalten; denn er würde hier unstreitig durch die Gegenwart eines weitläuftigen Wohngebäudes zerstört, das mit dem Geräusch zusammengedrängter Gesellschaften, und mit dem Gewühl von Bedienten erfüllet wäre. Jetzt athmet hier alles Ruhe und Freyheit. Jeder Gast ist Herr seiner Zeit und seiner Bewegungen. Er beschwert nicht, und wird nicht beschwert. Er kann einsam seyn, oder sich durch Besuche erheitern. Er darf sich als den Eigenthümer seiner Wohnung ansehen, seine Thüre schließen und öffnen, wie es ihm gefällt. In einer Abtheilung ist Raum für einen Bedienten. Auf seinen frühen Spaziergängen begegnet er einem Bekannten oder einem Freund zu muntern Gesprächen; oder er verläßt mit der Morgenröthe sein Schlafkabinet, um länger einsam zu seyn, oder er schleicht in die Gegend hin, wo er auf verschiedenen Wegen ausweichen kann. Zuweilen lockt ihn die schöne Lage einer andern Wohnung, die er auf seinem Wege antrifft, hinzuzutreten: er klopft an, und findet sie leer; der Bewohner belustigt sich schon lange auf entferntern Spaziergängen. Oft trifft er einen andern Bewohner an, als den er da vermuthete; er sieht sich getäuscht und wieder beruhigt. — Beschäftigungen, Zeitvertreibe, Gespräche, einsame Ergötzungen wechseln hier mit einander ab, bis ein Geläute zur bestimm-

bestimmten Stunde die zerstreuten Gäste aus ihren Einsiedeleyen oder von geselligen Spaziergängen in den großen Pavillon auf der Höhe zur Tafel wieder zusammenruft.

Dies sind, nach dem Lauf der Wege, die ich nahm, und nach meiner Empfindung, die Hauptzüge, welche die Schönheit des Heeschenbergs erheben. Andre werden bey einer andern Wahl ihrer Gänge vielleicht noch mehr Ergötzung antreffen. Man sieht hier Natur und Geschmack im Wetteifer, einen Sommersitz zu bilden, der, nach dem Geständniß der einheimischen und auswärtigen Kenner, zu den ersten Merkwürdigkeiten der Gartenkunst nicht blos in Holstein, sondern in Deutschland gehört. Aschberg *) ist fast alles der Natur schuldig; ungern sieht man den Ort von einer mit Bescheidenheit nachhelfenden Hand verlassen. Hier im Gegentheil ist nicht blos eine reizende Anlage der gefälligen Natur; hier ist auch Anordnung mit Geschmack, Unterhaltung mit Sorgfalt, und Fortwirkung mit Eifer. Noch ist das Werk nicht vollendet. Daß die Verschönerungslinie von der mit Quitschern und Tannen besetzten Allee zur Linken des Wirthshauses fortlaufen, und den dort gegen Morgen sich erhebenden und mit Waldung bekleideten Berg umfassen wird, ist schon fürs erste eine Erweiterung, die einen der herrlichsten Lustplätze erwarten läßt. Der Wald ist mit den schönsten Bäumen gezieret; er hat Gebüsch und mannichfaltige Ungleichheiten des Bodens, und verstattet auf allen Seiten die anmuthigsten Aussichten; und was seine Lage vorzüglich verschönert, so breitet sich an seinem Fuß nach Morgen hin ein See aus. Man sieht hier das Licht des Tages aufsteigen, und die heitersten Morgenscenen in einer reich geschmückten Landschaft bilden; und wenn der Himmel dem Besitzer länger seinem Jahrhunderte gönnt, so darf man hier und in den angränzenden Gegenden noch Anlagen hoffen, die den Reiz der Natur mit Harmonie erheben.

Der Sitz eines berühmten Mannes, von dessen Größe ich hier nichts sagen darf, weil einst die Geschichte davon reden wird, erweckt schon die Neubegierde eines Fremden. Allein man sieht hier mehr, als was man zu sehen gewohnt ist. Man sieht Erfindungen und Anlagen, alle aus dem Geist des Besitzers selbst entsprungen. Man sieht für Jedermann freyen Eintritt in die Spaziergänge, Aufnahme des Fremden, und Achtung des Verdienstes. Man kehrt zurück mit Erzählungen, die neue Lustreisen nach diesem Sitz beschleunigen.

Bey einer solchen Reise nimmt vielleicht einst ein Gartenfreund diese Beschreibung in die Hand. Er sieht, er liest, er vergleicht; er findet nichts, das von der Phan-

*) S. 1 B. S. 75 u. f.

Phantasie hinzugeschmeichelt wäre; er findet blos eine kleine Topographie, die kein anderes Verdienst haben kann, als Treue. Aber er wird dagegen Unvollständigkeit sehen und zugleich verzeihen, indem er bedenkt, daß die Natur größer und reicher ist, als die Sprache fassen kann; daß in einer Beschreibung nach der Natur, eben so wie im Landschaftgemälde, manches wegbleiben muß, wovon die Wirklichkeit ist, nicht aber die Nachschilderung gefällt; daß die feinern Beziehungen, Uebergänge und Verbindungen der Natur, selbst unter dem Pinsel des kühnsten Landschaftmalers, kaum einer Darstellung fähig sind. Allein er wird nicht blos der Beschreibung verzeihen, sondern auch der Zeit, wenn sie verändert hat.

II.
Beschreibung von Sielbeck.

Ueber dem Dorfe Sielbeck, eine halbe Meile von der fürstbischöflichen Residenzstadt Eutin im Herzogthum Holstein, erhebt sich ein Lustwald, *) der gleichfalls mit dem Namen Sielbeck bezeichnet wird, in vorzüglicher Schönheit. Die ganze Landschaft umher hat einen sich auszeichnenden Charakter der Anmuthigkeit. Sie besteht aus einer reichen und mannichfaltigen Zusammensetzung von Bergen, die auf dem Gipfel und an den Seiten herab mit schönen Waldungen bekleidet sind, von Hügeln, deren Abhänge mit den lieblichsten Hainen und Gruppen von Buchen glänzen, von grasreichen Thälern, Saatfeldern, Viehweiden und gutbewohnten Dörfern. Die waldigten Scenen, und die überall auf den Anhöhen umher anmuthig hingestreuten Gebüsche sind voll von melodischen Vögeln, und voll von Wild, das eine reiche Jagd anbietet. Zwischen diesen Gegenständen und Aussichten eröffnen sich einige überaus schöne Landseen, deren Ufer hin und wieder mit grünen Höhen bekränzt und mit Waldungen beschattet sind. Die reine Klarheit dieser ansehnlichen Gewässer spielt zwischen der Dunkelheit entfernter Wälder dem Auge mit einem bezaubernden Reiz entgegen; in der Nähe sieht man die Wellen in ihrer Ruhe sich sanft dahin schmiegen; die Tiefe der Lage und die Berge umher beschützen sie vor der Empörung des Sturms; man sieht den Fischer sein gesegnetes Netz fröhlich heraufziehen, und hinter den Gebüschen, welche die Ausflüsse der Seen umschatten, den Freund der Jagd auf wilde Enten lauschen.

Der Kellersee, der ungefähr einen Umkreis von einer Meile hat, bildet in der Landschaft von Sielbeck einen herrlichen Mittelpunkt. Um die Aussicht auf diesen See und seine angränzende Gegenden zu genießen, ist nach der östlichen Seite auf einem Berge ein Pavillon errichtet.

Er steht auf einem runden ebenen Platz, der vorne ganz frey ist, und blos in einer Entfernung von etwa zwanzig Schritten durch ein kleines, niedriges, weißangestrichenes Gitterwerk von Holz, das aber an seinen beyden Enden mit dem Gebäude nicht verbunden ist, von dem angränzenden Felde abgesondert wird. Von der

*) Er ward 1776 von dem Herrn Legationsrath Willgaard angelegt, und ist ein Denkmal von der Einsicht und dem Geschmack dieses verdienstvollen Mannes.

Gut Schierensee

200 Jahre nach Hirschfelds beeindruckender Beschreibung, nach Jahren der Vernachlässigung und nach zahlreichen Besitzerwechseln erfährt das Ensemble des Gutes Schierensee eine bemerkenswerte Wiederherstellung. Den Heeschenberg hat sich die Natur allerdings kompromisslos zurückerobert. Nur die Beschreibung von Hirschfeld bleibt uns erhalten.

rechte Seite oben:
Blick vom Herrenhaus
auf den See

linke Seite unten:
Luftbild Gesamtanlage
Ansicht von Süden

Gut Schierensee

Das Projekt profitiert von der guten Zusammenarbeit und dem regen Austausch aller Akteure, wie hier Adelheid Schönborn im Gespräch mit Eduard Brinkama.

Es ist nach Caspar von Saldern erneut ein Holsteiner, der sich in die von Seen und Wäldern geprägte, sanfthügelige Kulturlandschaft verliebt. Der Verleger Dr. Axel Springer kauft das Gut Schierensee und rettet das Ensemble. Die Herausforderung ist enorm. Wie vorgehen, wenn das Anwesen unter Denkmalschutz steht und der Zustand von Gebäuden und Umgebung mehr als erneuerungsbedürftig ist? Der neue Hausherr lässt sich auf das Abenteuer ein. Anhand reichlicher Archivalien und durch meisterhafte Architekten und Handwerker wird Gut Schierensee wieder instand gesetzt.

Von 1970 bis 1973 werden alle Gebäude, Höfe und die Umgebung saniert. Der *cour d´honneur* vor dem Herrenhaus und die Wirtschaftsgebäude mit der mittigen Pferdeschwemme bilden eine Anlage von besonderer Qualität. Das neue, lang gestreckte Rosarium liegt vertieft zwischen der neu errichteten Südterrasse am Herrenhaus und der großen Nord-Süd verlaufenden Lindenallee, die in einem Teich mit Brücke endet. Das gesamte Steinmaterial stammt aus Meissen (Granit) und dem Elbsandsteingebirge (Sandstein). Bemerkenswert zu DDR-Zeiten. Nun geht der Garten in die Landschaft. Der Übergang der gebauten Anlage in die freie, von der Natur wellig geformten Landschaft gereicht dem Betrachter zu unerschöpflicher Phantasie. Im Sommer wie auch im Winter.

Für seine »Initiative zur beispielhaften Wiederherstellung des historischen Herrenhauses und der Gutsgebäude samt ihrer Umgebung in Schierensee in Holstein« wird Dr. Axel Springer am 10. Dezember 1974 in Kiel mit der Fritz-Schumacher-Medaille in Gold geehrt. Er nutzt diesen Moment seiner Auszeichnung, um sich bei der großen Anzahl der am Wiederaufbau Beteiligten für ihre hervorragende Arbeit zu bedanken: Kunsthandwerker aller Art, Restauratoren, Steinmetze, Kunstschmiede und Gärtner sowie einer großen Schar weiterer helfender Hände. Ausdrücklich nennt er die Namen, ohne die Caspar von Salderns Schöpfung untergegangen wäre: »Gartenarchitektin Adelheid Gräfin Schönborn, Projektleiter Eduard Brinkama, Architekt Peter Jebens, Kreisbaudirektor Peter Eberwein, Kunsthistoriker Dr. Henrik Lungagnini und Oberbaurat Carl-Heinrich Seebach vom Denkmalamt Kiel.«

oben:
Herrenhaus mit Ehrenhof
und den Pavillons am Eingang

Mitte:
Das große »S«. Der Eingang des Herrenhauses mit dem Wahlspruch »Non mihi sed posteris« und der Jahreszahl 1778.

unten:
Blick vom Herrenhaus zum Südstall mit einer Vase von *J. G. Moser*
1970

Gut Schierensee

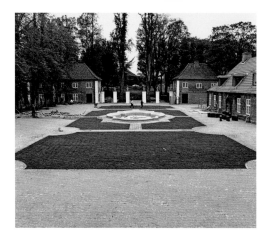

linke Seite Mitte oben:
das Rosarium und der *cour d'honneur* im Bau

linke Seite rechts oben:
Unter dem dicht bewaldeten Hügel im Hintergrund verbirgt sich der Heeschenberg.

Alle Fotos auf dieser Seite:
die Gartenanlage im Bau
1969–1970

Die Baustelle »Rosarium«
Axel Springer hat immer an die Wiedervereinigung des geteilten Deutschlands geglaubt. Daher beauftragte er, für Höfe und Straßen Meissner Granit aus der damaligen DDR zu verwenden und Pflaster in verschiedenen Größen zuzuschneiden. Gleichzeitig wurden alle aufgehenden Bauteile aus Elbsandstein (Elbsandsteingebirge, Sächsische Schweiz) gefertigt. Die kunstvollen Balustraden der Terrasse konnten nach Zeichnungen in der ehemaligen DDR hergestellt und fertig auf die Baustelle geliefert werden. Die Terrassierung des tiefer liegenden Rosariums wurde ebenfalls und entsprechend meiner Detailzeichnungen passgenau angefertigt und geliefert.

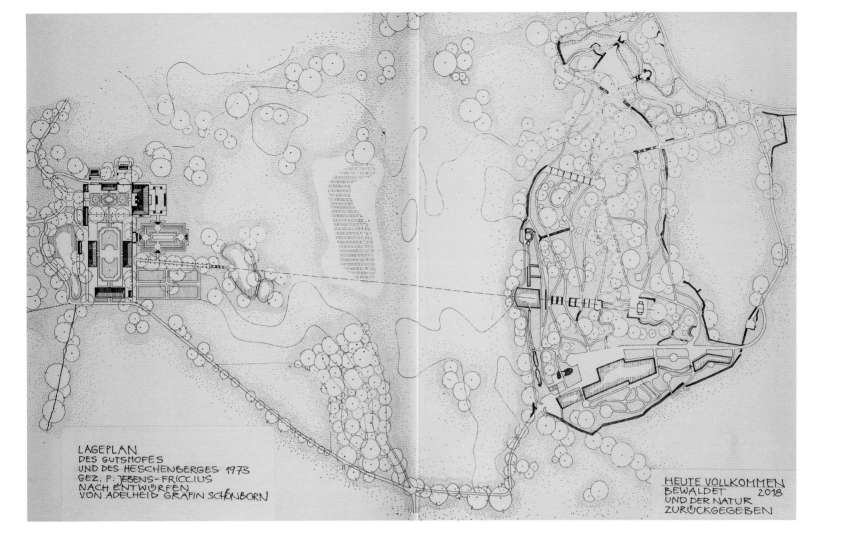

LAGEPLAN
DES GUTSHOFES
UND DES HESCHENBERGES 1973
GEZ. P. JEBENS-FRICCIUS
NACH ENTWÜRFEN
VON ADELHEID GRÄFIN SCHÖNBORN

HEUTE VOLLKOMMEN
BEWALDET 2018
UND DER NATUR
ZURÜCKGEGEBEN

Die Geschichte von Gut Schierensee geht weiter. Nach dem Tod von Dr. Axel Springer und einigen Jahren des Leerstands erwirbt 1997 der Unternehmer Günther Fielmann die Anlage. Auch er ein leidenschaftlicher Holsteiner, aber gleichzeitig ein stiller, von Natur und Landschaft faszinierter Kulturschaffender. Er engagiert sich in der Denkmalpflege und für den Natur- und Umweltschutz. Er fördert die Landwirtschaft und den Obstbau. Er entwickelt die Landschaft, die den Garten mit den Gebäuden wie ein Gemälde umgibt, mit sorgfältig ausgesuchten Bäumen und Sträuchern weiter. So gelingt es ihm, ein 200 Jahre altes Adelsgut in das moderne Leben einzubinden und damit die Einzigartigkeit von Schierensee für künftige Generationen zu bewahren. Das ist ein Segen für das Land Schleswig-Holstein und mir eine große persönliche Freude. Gut Schierensee verdanke ich eine aufregende Zeit und die Erkenntnis, dass mich Projekte mit Geschichte und Geschichten besonders interessieren.

Gut Schierensee

Der Garten und die Landschaft entwickeln sich zu einer Einheit vollkommener Schönheit. Das terrassierte Rosarium liegt zwei Meter tiefer zwischen Lindenallee und Herrenhaus.

Die Jahreszeiten prägen den Rhythmus der Natur. Sie setzen den Zauber der weitläufigen Parkanlage spektakulär in Szene, etwa den natürlichen Waldboden am Heeschenberg, die Lindenallee oder die stimmungsvolle Atmosphäre am See.

Die Pferdeschwemme im Wirtschaftshof wird zu einem Spiegelsee, der die Kletterrose und das alte Mauerwerk beeindruckend reflektiert.

Essay 1

Über die Gültigkeit der Aussage

*von Gustav Lüttge postum
Vortrag 1963*

Gustav Lüttge 1909 geboren in Hamburg, widmete sich bereits in jungen Jahren dem Studium von Sommerblumen, Stauden und Rosenbäumen. 1919–1924 Aufnahme einer Kaufmannslehre, 1929 Entschluss zu einer zweiten Lehre in der Baumschule, 1931 halbjährige Tätigkeit in den Staudenkulturen von Karl Foerster, 1931–1933 Arbeit als Volontär, dann als Techniker bei Heinrich Wiepking-Jürgensmann in Berlin. 1932 Englandreise mit Hermann Thiele, nach 1933 lässt er sich in Hamburg als Gartenarchitekt nieder.

Lüttge übernahm unter anderem die gärtnerische Ausgestaltung der Zubringerstraßen zur geplanten Elbhochbrücke und Gartenentwürfe für die neuen Wohnplätze der durch dieses Projekt umzusiedelnden Anwohner. Seit 1941 war er in Kiel Marinegefreiter unter Baldur Springmann. Das Kriegsende erlebte er dort als »totalen Zusammenbruch: physisch, moralisch und seelisch«. 1946–1950 arbeitete er als Freischaffender im »Baukreis«, dem auch die Architekten Gustav Burmester, Heinrich Strohmeyer und namhafte Hamburger Künstler angehörten. Der Durchbruch gelang ihm 1953 mit der Gestaltung des IGA-Geländes an der Außenalster für die Ausstellung »Plastik im Freien«. 1958 ließ er sich in Hamburg-Lokstedt von Burmester sein Wohn- und Atelierhaus bauen, wo er bis zu seinem Tod am 23. Februar 1968 mit Familie und Büro residierte und eine umfangreiche, heute noch erhaltene Rhododendronsammlung mit eigenen Züchtungen anlegte. Lüttge lehrte an der Hamburger Hochschule für Bildende Künste und war in Verbänden als Vortragender gefragt. Zahlreiche Veröffentlichungen in »Garten und Landschaft« geben über sein Wirken Auskunft. Außer mit Burmester pflegte er mit Hamburgs namhaften Architekten der Nachkriegszeit eine langjährige Zusammenarbeit. Lüttges Werk umfasst zahlreiche Wohn- und Villengärten vor allem des Hamburgischen Bürgertums, Gärten auf kleinsten Grundstücken, an Reihenhäusern und Wohnsiedlungen. Für öffentliche Auftraggeber gestaltete er Freianlagen an Schulen, Kirchen und Krankenhäusern. Zu den wichtigsten Werken zählen der Werkhof Reemtsma (vor 1938), der Garten Rhein (Hamburg 1951–1955), Gartenstadt Hamburg-Hohnerkamp (1953), Garten Springer, Sven-Simon-Park (Hamburg-Blankenese 1956), Kuranlagen Wiesmoor (1951–1960), Interbau Hansaviertel Berlin mit Pietro Porcinai (1957), die Siedlungen Quickborn und Walldorf (zusammen mit Richard Neutra 1962), die Bürgerterrasse Hohenhorst (Hamburg-Jenfeld 1962), Mahnmale unter anderem in Bad Bramstedt (1954), Burg/Dithmarschen (1961), Barmstedt (1965), der Kurpark Mölln (1967–1968), der noch weitgehend von ihm entworfen und von seinem Partner Wolfgang Henze fertiggestellt wurde (1968–1971).

*»Die Begegnung mit Gustav Lüttge hat mich tief beeindruckt. Seine Zugewandtheit, seine Ernsthaftigkeit und sein unerschöpfliches Wissen sind unvergessen.«
Adelheid Schönborn*

Ich darf Sie bitten, das von mir gewählte Thema *Gültigkeit* der Aussage so zu verstehen, wie es gemeint ist, nämlich:

die *Gültigkeit* in unserer gestalterischen Aussage, in unserer formalen, farblichen, plastischen, flächigen, strukturellen Mitteilung, die dann das jeweilige Werk ausmacht. Der Begriff der Gültigkeit in unserem Zusammenhang kann schwerlich gültig präzisiert werden, und darum mag es denn gegeben sein, dass wir zunächst einmal um ihn herumwandern, um ihn von allen Seiten aus in Ruhe zu betrachten.

Gültigkeit – das schließt zunächst sozusagen ein abschließendes Absolutum in sich, gültig – vollwertig – danach nichts mehr. Aber solches Denken ist zu einfach. Die Absoluta sind immer verdächtig und darum auch von so vielen gehasst. In Wirklichkeit aber sind solche Absoluta Denkgerüste, Plattformen im Denkvorgang, auf welchen wir uns scheinbare Sicherheit einbilden. Das Absolutum ist ja in Wirklichkeit das »Ab-Gelöste«, vom lateinischen *absolvere*. Also, von einer absoluten *Gültigkeit* können wir in keinem Falle hier sprechen, weil wir sie nicht ablösen wollen, sondern den Begriff mitten hineinstellen wollen in unser Betrachten des Gültigen in den Zeiten und dann des eventuell erkennbar Gültigen im heutigen Werk.

Es ist also ein sehr relativer Begriff, der der *Gültigkeit*. Einmal schon deswegen, weil er so sehr verschieden in den verschiedenen Zeitetappen einer Kultur gesehen wird, zum anderen aber, weil es in den Dingen des Gestaltens und Formens so unendlich verschiedene Ausgangs- und Standpunkte gibt, dass nicht ein einziger etwa von diesen Standpunkten ausgerechnet als gültig zu erklären wäre. Genau so also, wie man für das rechte Gestalten kein Rezept geben und deswegen auch nicht empfangen kann, genau so kann und muss jeweils das Werk ganz neu gesehen, empfunden, geprüft, erlebt werden, es muss mit allen Anzeichen des Originalen auf uns zukommen, uns ansprechen oder besser anreden. Alles dies muss von dem Werk ausgehen, wenn es die Chance haben soll, von uns als gültig gesehen zu werden. Fragen wir uns doch einmal: *gültig* – in Bezug auf was denn? – Nun sagen wir:

gültig – in Bezug auf reelle Erfüllung des geforderten Zweckes!
gültig – weiter in Bezug auf die Umgebung, den *genius loci*?
gültig – im Hinblick auf den gerade herrschenden Zeitgeist?

Hier nun beginnt unser Begriff zu schillern! Zeitgeist? – Um den Begriff zu erkunden, müssen wir ein wenig in die Vergangenheit schauen, weil er in der Gegenwart wohl weniger klar zu erkennen ist.

Wir können wohl nur sagen, dass Zeitgeist eine Zusammenfassung des Begreifens der Welt und der Dinge durch den Menschen bedeutet, ein Zusammenfassen der Reaktion des Menschen also auf seine Umwelt, weiter dann die Reaktion eines bestimmten Volkes in einem bestimmten Lande zu einer bestimmten Zeit. Und diese Reaktion der Menschen dann bildet den Zeitgeist, der in so intensiver Wandlung begriffen ist, dass man an den Werken der Menschen teils die Jahre fast genau erkennen kann.

Es ist hier nur zu erinnern an den Bombasmus der vergangenen Jahrhundertwende, der dann durch die Lebendigkeit des Jugendstils abgebaut wurde, bis um die Mitte der 20er Jahre bereits das andere Extrem, die sogenannte »Sachlichkeit«, regierte. Vom Bombasmus also zur Sachlichkeit in 25 Jahren!

Oder wie war der Wandel in der Musik in früheren Epochen? Die barocke Polyphonie verzauberte die Menschen (und verzaubert sie noch nach 250 Jahren). Fest gegründet sind die Regeln der Polyphonie, mehr oder minder ausgeprägt dargestellt durch die Komponisten Italiens, Frankreichs, Deutschlands, ja sogar Englands! Das große gelebte Märchen Barock! Geprägt in den Schlössern, geprägt in den Klöstern, den Kirchen, geprägt in den Gärten, geprägt im Schrifttum, der Malerei, der Bildhauerwerke, geprägt in den Kleidern der Menschen. Wir erleben in den Werken jener Epoche lebendig noch heute jene tiefe irdische Beseeltheit, die die Grenzen zum Außerirdischen verwischte. Wenige Jahrzehnte später dann bereits der Klassizismus, Rückbesinnung auf Hellas, den griechischen Tempel, Haydn und Mozart hatten Bach abgelöst. Actio und Reactio! Geist prägt unentwegt um, prägt neu. Wandlung. Immer neuer Zeitgeist!

Vom barocken Heckengarten, von den architektonischen Parterres und Terrassen zu den Landschaftsschöpfungen freiester Art.

Wie nimmt sich unter solchen Aspekten unser Begriff *Gültigkeit* aus? – Ganz gewiss waren jene reichen, blühenden, mit Kraft und höchster Kunst geladenen Barockwerke echteste und unmittelbarste Mitteilung der Menschen ihrer Zeit. Und nicht minder waren im äußersten Gegensatz die feinnervigen, stillen Bauten Schinkels, die klaren schlichten Fassaden der Gutshäuser und die künstlichen, fast geträumten Landschaften, nicht minder waren diese Werke tief empfunden und virtuos mitgeteilt.

In ihren Spitzen sind die Werke jener Zeit unmittelbarer Ausdruck des herrschenden Zeitgeistes, diesen ganz gewiss gültig ausprägend. *Gültig* aber, wohl verstanden, immer nur für die Kürze einer Zeit, aus der heraus sie überhaupt nur wachsen konnten.

In der Intensität jener künstlerischen Mitteilungen aber können wir im Abstand der Jahrhunderte die große Aufrichtigkeit der Künstler erkennen, die so wahrhaftig ist, dass wir ganz unmittelbar wieder in die Verfassung versetzt werden, in welcher jene Künstler gelebt haben.

Mittels ihrer Werke also waren die Menschen in der Lage über lange Zeiträume zu uns zu sprechen, unmittelbar und direkt! Und es ist dazu noch zu sagen, dass sie nicht nur über die Dinge ihrer Zeit zu uns sprechen, sondern in vielen Werken Ewiges ansprechen, das heute noch für uns so wichtig ist, wie es für jene damals auch war. Nach diesem nun wollen wir uns auf das glatte Parkett unseres Heute wagen und versuchen, unseren Begriff der *Gültigkeit* auch im Gewoge der Fülle der uns umgebenden Erscheinungen zu verfolgen. Wir wollen dies versuchen, obgleich wir wissen, dass die Gegenwart für *objektives* Erkennen unserer Zusammenhänge eigentlich zu nahe ist.

Erstaunlich will mir immer wieder erscheinen, mit welcher scheinbar zwangsläufigen Logik sich die verschiedenen Phasen dokumentieren, die wir mit Zeitaltern innerhalb einer Kultur bezeichnen. Deutlicher gesagt: Es kann kein Werk aus dem Barock geben, kein gutes Werk jener Zeit, das nicht unverkennbar den Ausdruck dessen trägt, was wir Barock nennen. Die Logik liegt auf der Hand: ein wirklich bedeutendes Werk hat auch ein wirklich bedeutender Künstler geschaffen und er wäre nicht bedeutend zu nennen, wenn er nicht auch von jener Wahrhaftigkeit gewesen wäre, die allein das spezifisch Akute einer bestimmten Epoche weiterzugeben vermag!

Wir sehen also, dass wohl die *Gültigkeit* eines Werkes mit der Aufrichtigkeit und der Wahrhaftigkeit seines Verfassers zu tun haben muss. Nun werden Sie einwenden, dass es ja gewiss nicht so leicht vorkommt, dass der Verfasser eines Werkes, sagen wir eines Gartens etwa, es an Aufrichtigkeit mangeln lässt. Warum sollte er auch? Hat er denn Grund, nicht aufrichtig zu sein?

Nun, das ist zwar ein weites Thema! – Aber wir wollen es doch mal kurz untersuchen. Ich muss fragen: aufrichtig und wahrhaftig in Bezug auf was denn? – Wir reden vom Entwurf! Da müssen wir also sagen: in Bezug auf alles!

In Bezug also auf das rechte Aufmaß des Geländes, in Bezug auf die Forderungen der Bauherren, in Bezug auf den Boden und die damit verbundene Vegetation, in Bezug auf alle eigene Erfahrung und in Bezug auf alles sonst Gelernte. Aufrichtig natürlich auch noch in Bezug auf die behördlichen Vorschriften, die selbstredend sehr präzise zu erfüllen sind.

So viele Bezüge, so viel Aufrichtigkeit und doch nur ein recht mittelmäßiges Werk, sagen wir ohne Spannung, langweilig! Mit so viel gutem Vorsatz und Redlichkeit geschaffen und doch recht minderer Qualität. Auch hat es lange gedauert, also an mangelndem Fleiß kann es auch nicht liegen, am Bauherren ausnahmsweise auch nicht, denn der sagte damals einfach »Ja«.

Prüfen wir diese Sache näher, so fällt zunächst auf, dass die Dinge in ihrem Maß recht mittelmäßig sind, üblich, gewohnt. Alles ist erfüllt, nichts aber klingt echt zusammen, es fällt auseinander, in all die Teile, aus denen es gefügt ist. Eine Zusammensetzung, aber keine Komposition! Wo mag der Kern dieser Enttäuschung liegen? Zunächst einmal an der inneren Vorstellung des Verfassers. Wir können auch sagen, an dem inneren Maß des Verfassers. Das Versagen liegt am Mangel an Maßstab, den der Verfasser angelegt hat. Mit Redlichkeit allein ist da nichts getan. Aber mit Maßstab!

Leider kann man einen Maßstab solcher Art nicht in der Abteilung Zeichenbedarf kaufen, aber erwerben kann man ihn schon mit der Zeit. Im unablässigen Beobachten und Wägen, im kritischen Schauen, im kritischen Denken, im kritischen Hören, aber auch im beglückten Hinnehmen des Geschauten bildet sich jenes innere Maß, dass jedem eingeboren ist, das aber auf Bewusstwerdung wartet.

Viele sagen bei einer Aufgabe: Ach, nur ein kleiner Garten, so, als wüßte man doch nun endlich, wie man so etwas zu machen hat. Ich meine das gar nicht. Ich mache das schon längere Zeit, aber immer wieder ist jeder ganz neu, denn seine Voraussetzungen sind anders, als ich sie bisher kennen gelernt habe. Also wird auch die Lösung woanders liegen. Eingefügt sei, dass natürlich die Handschrift immer die jedem eigene bleibt, und das ist auch recht so und soll hier nicht besprochen werden.

Gelernt habe ich, dass jede Aufgabe, und zwar ohne Ausnahme jede Aufgabe ihr Geheimnis hat. Erscheint sie noch so banal, noch so landläufig, sie hat ihr Geheimnis. Meist ist das Geheimnis verborgen, nicht auf den ersten Blick zu erkennen und auf viele weitere Blicke auch nicht. Erst in der elementaren Auseinandersetzung mit der Aufgabe dann zeigt sich der Mangel, sagen wir der räumliche, an dem immer wieder alles scheitert. Nach vielstündiger intensivster Arbeit ist schließlich nichts mehr auf dem Papier. Oh ja, da waren schon Lösungen, aber alle hinkten irgendwie, sie stimmten nicht und waren nicht stimmend zu machen. So mussten sie alle wieder weichen und nun ist das Blatt wie zuvor völlig leer.

Aber – viele Versuche bedeutet viele spezifische Erfahrung. Wenngleich auch negativ! Und nun kommt eine Art Verzweiflung; es geht nicht, es ist nicht zu machen, es lohnt sich nicht! Und dann endlich die Reaktion auf die Verzweiflung: der ganz neue Anfang, beladen mit den Erfahrungen der negativen Versuche, angefeuert durch das Wunschbild, das innere Wunschbild, mit dem das zuvor angeführte innere Maß so viel zu tun hat! Und ganz ungewohnt, ganz neu, ganz unerwartet verdichten sich Striche zu einer Raumordnung, die ohne diesen langen Vorgang nie hätte erreicht werden können. Man kann nie sagen: »Ich kann das!« Man muss wohl immer sagen: »Ich will es versuchen.« – Das innere Maß ist offen und latent unentwegt Regulator. Ein wesentliches Merkmal neben vielen anderen ist der *Verzicht*!

Verzicht auf Überflüssiges ist selbstverständlich. *Verzicht* aber in dem Sinne angewandt, dass er die elementare Lösung ausmacht, ist Stärkung der Komposition, weil tatsächlich dann durch ihn erreicht wird, dass nur noch gestalterisch die Grundelemente zueinander finden.

Wie leicht verstellt das Nebensächliche das Eigentliche! Das ist wohl nicht nur beim Entwerfen so. Eindeutigkeit muss ja erreicht werden, wenn das Werk stark sprechen soll. Eindeutigkeit weist aber schon darauf hin, dass nicht zu Vieles sein darf, dass wir sparsam werden müssen, um eine Aussage in Gültigkeit zu erreichen. Wie viel Enttäuschung aber schafft diese Tatsache bei jungen Menschen, die mit vollem Herzen und voll von erworbenen Kenntnissen nun am Entwurf sitzen und all die Kostbarkeiten hineintragen wollen, die sich in der langen Zeit des Lernens angestaut haben. Es gilt dies durchaus auch vom Pflanzlichen! – Sagen wir nun aber Verzicht und Eindeutigkeit, dann tritt zunächst eine Enttäuschung ein, das »Motiv« muss fallen, ein ganzes Element muss fortfallen, weil es in diesem Zusammenhang die anderen schwächt, und so wird alles scheinbar ganz grau und hart und lieblos. Was bleibt übrig, als dass man sich dann eben nur noch an dem Wenigen festhält, das übrig blieb? Was gibt es noch zu tun? Nun – das Wenige muss gesteigert werden, muss zum Klingen gebracht werden, muss verdeutlicht werden in den ihm innewohnenden Gegensätzen, muss, befreit von allen Belanglosigkeiten, zur Wesenhaftigkeit gesteigert werden.

Denken wir an einen architektonischen Gartenhof: Was blieb, ist begrenzende Wand, sind begrenzende Wände. Was kann man mit ihnen tun? Man kann sie in Gegensatz zueinander treiben. Die eine Fläche kann eine vollkommen klare weiße Steinwand werden in ihrer gegebenen Höhe des Hauses von drei Metern. Die andere Wandfläche aber, die winklig zu der ersten steht, sie sollte sich in der Höhe unterordnen, also nur 2,70 Meter hoch sein, und nun sollte sie auch noch in der Oberfläche differieren. Denken wir also an Holz, und schon haben wir eine klare weiße Wand und eine Holzwand. Die dritte Wand nun ist Glas, die verglaste Wand des Wohnraumes etwa. Die vierte Wand aber ist eine gepflanzte vielgestaltige Raumbegrenzung, völlig anderer Art also als die genannten drei Architekturwände.

Von diesen drei Wänden aber ist eine als Wand sozusagen passiv, nämlich die Glaswand des Wohnraums. Aktiv allein sind die Mauern des Wohnraums und – wir selbst als Schauende!

Und nun erleben wir also das Wechselspiel zwischen diesen drei Raumwänden im Gartenhof und wir können uns durchaus vorstellen, dass sie strahlen. Die weiße Wand ohnehin, sie wirkt an Lautstärke natürlich dominant. Sie strahlt Klarheit und Frische. Sie schafft elementare Verdeutlichung. Die Holzwand dagegen strahlt Wärme, das braune Holz ist gegliedert in Stäbe, die wiederum Licht und Schatten unterworfen sind, also eine ganz gutartige Struktur, im äußersten Gegensatz zu den weiß geschlämmten Backsteinen der anderen Wand. Und nun die Pflanzen! Welcher Gegensatz! Wie leben sie in diesem engen Raum. So eng ist dieser Raum, dass wir auf den ursprünglich gewollten Rasen haben verzichten müssen. Ein ganzes wesentliches Gestaltungselement musste fortfallen, weil der Entwurf zeigt, dass es nur eines von beidem geben konnte, entweder Rasen in ausgeglichener Proportion und dann keine Gebrauchsfläche in Stein oder aber eine Steinfläche ohne Rasen. Der praktische Gebrauch ließ keine Wahl: Es wurde eine Steinfläche, diese aber nun so geräumig, dass plötzlich keinerlei Raumnot mehr da war, dass man sich zwanzig Gäste denken konnte.

Ich sprach vorhin davon, dass das Wenige, das im Entwurf verblieb, wesenhaft gemacht werden müsse, was ich anhand der drei Raumwände unseres Gartenhofes erwähnte. Dasselbe aber gilt nun von der geräumigen Steinfläche, die dem Wohnraum vorgelagert ist. Da sind nun alle Register einer blühenden Phantasie zu ziehen, um dieser Fläche einen Ausdruck zu geben, der weitgehend den Geist des Hofes bestimmt. Denn auch im Winter, wenn keine Gartenmöbel auf ihr stehen, auch dann darf sie nicht leer sein. Dies führt also zu einer Gliederung, die in ihrer Markanz tausendfach variiert werden kann. Man kann in zwei Materialien ruhig und schlicht aufteilen und man kann durchaus auch bis zu sich antwortenden Ornamenten vorstoßen.

Die Wände und die Fläche sind also nun geklärt und sie stehen in reger gegenseitiger Beeinflussung und gegenseitigem Austausch. In dem kleinen Raum wird naturgemäß jede Pflanze in ihrer Art besonders deutlich wahrgenommen.

Es gibt durchaus nun Fälle, wo wir den eifrigen Gärtner in uns zurückdrängen müssen, um in solchem Raum mit der Pflanze nur noch Kontrapunkte zum Übrigen zu setzen, diese aber wiederum eindeutig im Sinne pflanzlicher Mitteilung. So viel also über den *Verzicht*, der in keiner Weise etwas mit Armseligkeit oder gar Leere zu tun haben darf. Der echte *Verzicht* liegt auf der Linie der Bändigung der Materie, einer kraftvollen Bändigung, der die *Gültigkeit* der Aussage wichtiger ist als die noch so liebevolle und vielleicht faszinierende Vielfalt. Denken Sie an Gespräche, die lang andauerten und ein Geschwätz waren, von denen wir am nächsten Tage nichts mehr erinnern. Und denken Sie an das Wort eines Menschen, das tief in uns hineinfiel und an das wir uns noch nach Jahrzehnten erinnern, das vielleicht eine bestimmte Entwicklung in uns auslöste,

»Wir bilden die Strukturen unserer Werke mit Stein, und wir ritzen tief und gründlich Fundamente in die Oberfläche der Erde.«

Essay 1

»Die künstlerischen Gesetzmäßigkeiten sind auf den verschiedenen Gebieten, also in der Musik, in der Malerei, in der Architektur, der Plastik und der Gartenkunst naturgemäß dieselben.«

die ohne dieses Wort nicht hätte eintreten können. Also auch Gärten sollen kein Geschwätz sein. Bändigung ihrer Vielfalt aber bedeutet zuchtvolles Beherrschen.

Von einer anderen Seite her aber möchte ich unseren Begriff der *Gültigkeit* noch ansprechen. Obgleich wir Menschen wissen, dass unser Leben im Verhältnis zum Ganzen, sagen wir zur Geschichte des Volkes und seiner Kultur also, dass unser Leben nur recht kurze Zeit währt, dennoch aber ist es ein uns tief eingeborener Instinkt, dass wir unsere Werke so dauerhaft wie möglich machen wollen. Die Pharaonen schufen die Pyramiden, die tatsächlich nach vielen Jahrtausenden noch zu uns sprechen, und wir kennen andere alte derbe Bauten, die uns Kunde geben von fernen Zeiten und vom Wirken und Wollen der damaligen Menschen. Wir Gärtner nun arbeiten im Gegensatz zu den Baumeistern aller Zeiten mit der lebendigen Pflanze, deren Gesetz dem Leben verhaftet ist. Auf ihrem Werden und Wachsen und Vergehen ruht unsere Botschaft, die wir mit unserem Werk in die Welt brachten. Aber nicht allein auf der Pflanze! Wir bilden die Strukturen unserer Werke mit Stein, und wir ritzen tief und gründlich Fundamente in die Oberfläche der Erde.

Solide und fest bauen wir die Räume in die Landschaften, damit sie vielen Menschen Bergung bieten, auch wenn wir längst nicht mehr sind. Die praktische Manifestierung also unserer Planungen ist uns zutiefst Anliegen, und wir versuchen für möglichst lange Zeit zu sichern, was ohnehin eines Tages verfallen muss. Mit solcher Art zu bauen aber gewinnen wir die Deutlichkeit unserer Aussage. Sagen wir Deutlichkeit der Aussage, so ist dies im unmittelbarsten Sinne einer Mitteilung gemeint, von welcher wir uns wünschen, dass sie bei den Mitmenschen auch »ankommt«. Dabei ist der bewusste Empfang ebenso wichtig wie der unbewusste.

Es ist keine Frage, dass der Mensch bis zum gewissen Grade seine Verhaltensweise von seiner räumlichen Umgebung abhängig macht oder anders ausgedrückt, dass wesenhafte starke Räume unmittelbaren Einfluss auf den Menschen ausüben, sei dies nun im positiven oder negativen Sinne. Eine große, saubere, klare Architektur mit vorgelagerter freizügiger Terrasse etwa kann das freudige Erleben einer Landschaft stark steigern, wie umgekehrt die schlechte Architektur mit der unproportionierten Terrasse beeinträchtigend auf die Verfassung des betrachtenden Menschen wirkt.

Die künstlerischen Gesetzmäßigkeiten sind auf den verschiedenen Gebieten, also in der Musik, in der Malerei, in der Architektur, der Plastik und der Gartenkunst naturgemäß dieselben. Dieselben nämlich, soweit wir wieder das Elementare sehen und nicht das Beiwerk. Die formal architektonische Lösung im Garten bedarf letztlich genau derselben Präzision, wie diese beim Bauen ohnehin gegeben ist. Es sind falsche Vorstellungen, wenn gesagt wird, dass es im Garten »nicht so genau darauf ankommt«. Die erdachte Struktur sowohl wie das zur Verwendung kommende Baumaterial tragen ihr Gesetz in sich, und es gibt da keine Entschuldigungen, dass es ja nur der Garten ist und dass die nicht stimmenden Punkte ohnedies von Pflanzen überrankt werden. Nach vielen Jahrhunderten noch können wir die handwerkliche Sauberkeit der Renaissance- und Barockgärten bewundern, deren bauliche Teile von denselben

Handwerkern erstellt wurden, die auch die Bauten selbst geschaffen hatten. Wir sahen also, dass der Begriff *Gültigkeit*, angewandt auf Werke bildnerischer Art, ein relativer ist und dass es erst im Abstand von etwa 100 Jahren eigentlich den Kundigen möglich ist, festzustellen, ob jenes damalige Werk gültigen Ausdruck seiner Zeit bedeutet oder nicht. Dies schließt nicht aus, dass in jeder Epoche eindeutige hochqualifizierte Werke entstehen, die bereits zu ihrer Zeit in ihrem Werk und in ihrer geistigen Tragweite erkannt werden. Sie werden dann richtungsweisend für ihre Epoche.

Wir erkannten vorhin, dass die jeweiligen Spitzenwerke den herrschenden Zeitgeist gültig ausprägen. Wir wissen auch, dass es die bedingungslose Wahrhaftigkeit des Künstlers ist, dem allein es vorbehalten bleibt, jene Aussagen zu machen, die dann allerdings auch für viele Reihen kommender Geschlechter *Gültigkeit* haben.

Wir Heutigen können von unserem Zeitalter nicht gerade sagen, dass es mit Sicherheit als ein Musisches in die Geschichte eingehen wird. Mit Sorge sehen wir Mächte groß werden, die im Rationalismus ihr Genüge finden und ohne den markant prägenden Geist auskommen zu können meinen. Das Ergebnis sind dann etwa unsere Städte, wie sie von 1946 bis 1965 entstanden sind. Anklagende Beweise eines Ungeistes, zwingende Dokumentation in Stein und Glas, was besser nicht dokumentiert würde, nämlich die äußerste Plattheit. Nur an wenigen Stellen – nicht zu vergessen diese Stadt, in der wir uns befinden – ist wirklicher Städtebau erfolgt. Sonst sehen wir nur verblendete Anhäufung von Baumassen ohne jegliche Idee! – (Außer vielleicht der, recht viel Geld zu verdienen.)

Beschämt stehen wir vor dem Ergebnis dieser 20 Jahre, während der sich die Architektur durchaus zu weiterer Klarheit im schönsten Sinne des Möglichen entwickelt hat. Es wurden die Chancen verkannt, die wir hatten! Es wurde der Geist geleugnet, der jeweils aus der Situation des Geländes und der Aufgabe Markantes hätte formen können. Nicht als herbeiphantasiertes Märchen – nein, aus den gegebenen Tatsachen hätte man Stadt- und Landschaftsräume formen können, die eines Tages von sich aus weiterhin den Menschen geformt hätten. Denn es muss uns eines klar sein: Die Werke der Menschen, über die wir hier sprechen, sind nur dann wirklich würdig des Menschen, wenn fanatische, bedingungslose Ehrlichkeit hinter ihrer Entstehung steht. Es gilt dies im Grunde genommen vom kleinsten bis zum größten Werk, es gilt vom Papierkorb bis zum Fernsehturm. – Jede Aufgabe, die an uns herankommt, verlangt uns ganz. Halbheiten, Flüchtigkeiten, Gleichgültigkeiten kann es nicht geben. Und wenn wir zuvor von den Maßstäben sprachen, so darf ich jetzt noch bekennen, dass ich das *Geld* nicht als Maßstab anerkenne. Deshalb seien wir nicht schüchtern im Entwerfen; das Geistige muss zum Durchbruch kommen und zunächst einmal siegen; auf dem Papier und in unserer Aussage. Wozu haben wir als Menschen die Fähigkeit, zu koordinieren, die verschiedensten Zusammenhänge zusammenzuordnen? Das ist doch die Vorarbeit bei jedem Entwurf, dass man die Schwächen und die Stärken der jeweiligen Situation zu erkennen hat und weiter noch viele, viele Dinge und dass man aus dem allen dann ein Klares, Zwingendes, Eindeutiges schafft, das vielleicht dann die materiellen Mittel bei Weitem übersteigt, die zur Verfügung stehen. Sprechen wir aber von Ehrlichkeit, so ist es die Aufgabe eines Entwerfenden, seine höchste Vorstellung von der Sache zur Diskussion zu stellen.

Der Kampf beginnt dann, wenn das Gegenüber den Geldmaßstab anlegt. Aber warum sollten wir nicht kämpfen?

Mein Vater Gustav Lüttge

Thomas Lüttge

Als älterer Sohn erinnere ich meinen Vater als einen leidenschaftlichen Menschen, der hinter allem, was er sich gestalterisch vornahm, Gesetzmäßigkeiten suchte. In seinen genauen Beobachtungen der Pflanzen und ihren Entwicklungen erlebten wir Kinder einen forschenden Vater, der das Beobachtete gerne in einfachen Worten an uns weitergab. Mit ihm durch den eigenen Garten zu gehen, war immer ein anregendes Erlebnis voller Freude und kleiner Überraschungen. Schließlich war jede Staude, jeder Busch oder Baum ein eigenes Lebewesen mit seinen Vorlieben, Bedingungen und seiner eigenen Geschichte. Die Wertschätzung, die unser Vater jeder einzelnen Pflanze gab, übertrug sich fast unbemerkt, wenn wir ihm bei der Arbeit zuschauten oder gelegentlich halfen. Immer ging es darum, gute Bedingungen zu schaffen für Wachstum, Blüte und das Zusammenspiel der unterschiedlichen Eigenarten, Sorten und Größen im Verbund des Gartens. Er war Gärtner mit Leib und Seele und hatte sich ein unerschöpfliches Fachwissen angeeignet.

Doch war er auch Architekt. Ein Garten war für ihn immer in erster Linie ein Raum, der sich für den Betrachter mit jedem Schritt veränderte. Wechselnde Blicke, Körperdrehungen, Ruheplätze für meditatives Betrachten und unbeschwertes Dasein. Immer stellte er sich den einzelnen Menschen vor mit seinen Träumen, Sehnsüchten, Nöten und Hoffnungen. Ich erinnere seine oft gebrauchten Worte, wenn er einen Plan von der »Begehung« her erklärte. Er sprach dann von Achsen, Kanten, Hinführungen und Wendepunkten.

Auch die Begriffe Orientierung, Folgerung, Rückblick und immer wieder das »Zusammenspiel unterschiedlicher Elemente« tauchten häufig auf. Er verstand architektonische Elemente im Garten wie Pflasterungen und geometrische Rasenflächen, ebenso Wege, Mauern, Säulen, transparente Wände und Treppen wie das Knochengerüst bei einem Lebewesen: klar, funktional und hochwertig gebaut. Kompromisse mochte er nicht.

Bei offenen Fragen suchte er auch im Detail immer eine gute formale und handwerkliche Lösung. Jeder Entwurf bezog sich präzise auf die Maße und Gegebenheiten des jeweiligen Grundstücks und dessen Ausblicke in die Umgebung. Auf dieser Grundlage verstand er die eigene Gestaltung als eine Suche nach der in jeder Hinsicht stimmigen und damit gültigen Form, »der Lösung«. Materie und Geist waren für ihn untrennbar miteinander verbunden. In dieser Haltung war er mir ein klares und bleibendes Vorbild.

Die 1960er Jahre waren die Zeit meines Studiums in Hamburg, Karlsruhe und München und der Beginn des eigenen Wegs als Künstler und Fotograf. So war ich damals selten in meinem Elternhaus in Hamburg und habe nur gelegentlich Gärten des Vaters fotografiert.

Allerdings gab es bei meinen Besuchen immer wieder nachhaltige Gespräche im Büro über besondere Entwürfe, und abends am Kamin wurden die großen Themen der Architektur und Städteplanung, der Malerei, Bildhauerei aber auch des Theaters und der Musikszene besprochen. Beide Eltern hatten ein ausgeprägtes Interesse an den neuen Entwicklungen der Künste und an den Kulturen Europas. So gehörten gestalterische Fragen bei uns zum Alltag. Wichtige Ereignisse waren die Kunstausstellungen großer Maler, und Bildhauer der ersten Hälfte des 20. Jahrhunderts, die in Deutschland in den 1950er und 1960er Jahren zum ersten Mal nach der NS-Herrschaft gezeigt werden konnten. Tiefe Eindrücke hinterließen beim Vater z.B. die Maler der »Brücke« und des »Blauen Reiter«, aber auch Paul Klee, Oskar Schlemmer, Johannes Itten und andere Lehrer des Bauhauses waren ihm wichtig. Dazu kamen Picasso, Braque, Chagall, Miro, Arp, Calder, Giacometti, Henry Moore und Marino Marini. Und natürlich die großen Architekten wie Walter Gropius, Le Corbusier und Mies van der Rohe. Er fühlte sich in Gemeinschaft mit all den großen Persönlichkeiten der neuen Kunst, mit denen er in eine neue Zeit eintrat. Die Moderne – das war wie ein Zauberwort, manchmal eine Verheißung, um sich von Bindungen und Vormundschaft zu lösen und eine neue, selbstbestimmte, freie Gesellschaft aufzubauen. Eine grundsätzliche Aufbruchstimmung lag in der Luft, auch wenn es Rückschläge gab und Kämpfe mit Gegnern des neuen Lebensstils.

Die beiden Jahrzehnte nach der Währungsreform hatten für unseren Vater alle Kräfte und Visionen freigesetzt, die sich im Krieg und den Jahren danach kaum entfalten konnten. Die neue Entwicklung begann mit der Entstehung des eigenen Gartens 1948 in Clashorn in Holstein, wohin die Familie 1946 gezogen war. Ein großes Ereignis war im Frühsommer 1948 die Einladung an alle damals wichtigen Gartenarchitekten, die sich als Lernende in den 1930er Jahren in der Staudengärtnerei von Karl Förster in Bornim bei Potsdam kennengelernt hatten. Ich erinnere die Freude unter den Gästen, nach den Kriegserlebnissen und den Hungerjahren noch am Leben zu sein und gemeinsam den blühenden Garten zu genießen. Sich nach vielen Jahren wiederzusehen und miteinander zu sprechen war neu und etwas ganz Besonderes. Schließlich war das Reisen noch voller Hindernisse und teuer seit der Einführung der D-Mark. Einige Namen sind mir in Erinnerung: Hermann Matern, Gottfried Kühn, Wilhelm Hübotter, Alfred Reich, Gerda Gollwitzer, Hermann Thiele und Herta Hammerbacher.

Später kam mir dieser erste Garten wie ein Wunder vor. Er entstand in den Jahren von Hunger und Entbehrungen. Zuvor war mühsam das viel zu kleine Wohnhaus umgebaut worden, es gab noch keine Aufträge und der Alltag war mit der Beschaffung von Nahrungsmitteln und Brennmaterial ausgefüllt. Um Bäume, Büsche und andere Pflanzen für den Garten zu beschaffen, halfen gute Kontakte zu Baumschulen und Gärtnereien.

Wir Kinder wuchsen wie selbstverständlich in einem gepflegten, blühenden Garten auf, der hinter dem Haus in einen großen Nutzgarten überging. Aber für unseren Vater war es keine Frage, so etwas »Unvernünftiges« wie einen eigenen Garten in solchen Zeiten an so einem Ort zu bauen. Er war überzeugt, man müsse manchmal im Leben etwas Unvernünftiges einfach tun, wenn man fest davon überzeugt ist. Unser Vater war immer wieder in Hamburg und erzählte von den Streitgesprächen im Baukreis über die Vorschläge und Ideen des Wiederaufbaus der zerbombten Stadt, an denen er sich intensiv beteiligte. Er sah in der Nachkriegssituation eine Chance für neues Bauen und verändertes Wohnen in der Stadt. So gehörte er von Anfang an zu den Kritikern derer, die alles genau wieder herstellen wollten, wie es vor dem Krieg gewesen war.

Wenn ich mich jetzt nach über 50 Jahren an meinen Vater erinnere, denke ich an einen offenen, freundlichen Menschen von großer Autonomie und innerer Freiheit. Er konnte viele mit seiner Begeisterung und seinem Wissen über die Pflanzen anstecken, sodass sie ihm gerne zuhörten. Er wollte nicht belehren, sondern sprach immer aus direktem Interesse an den Themen und Beobachtungen der Vorgänge in der Natur. Uns Kindern gegenüber war er aufgeschlossen und interessiert an unseren Erlebnissen und Einfällen. Auch fremde Kinder fühlten sich wohl in seiner Gegenwart. Alle spürten seine Leidenschaft, die ihn trug und an vielen Themen immer neu entzünden konnte. Gärtner und gestaltender Architekt gleichzeitig zu sein – das war sein Leben. Beide Neigungen waren für ihn gleich wichtig, auch wenn ein Architekt in der Gesellschaft mehr galt als ein Fachmann der Pflanzen. Ich habe meinen Vater als einen Menschen erlebt, der in seinem Handeln immer versucht hat, über eigene Begrenztheit oder Befangenheiten hinauszugehen und Schritte in etwas Neues hinein zu wagen. Dabei fühlte er sich eingebunden in die europäische Kunst- und Kulturgeschichte. Er war durchdrungen vom Bewusstsein der Einheit aller Vorgänge in der Natur, und so war ihm das Herrschen über die Natur und jedes Machtdenken ohne eigene Verantwortung fremd. Er verstand den Menschen sehr konkret als Maßstab im Umgang mit allen Erscheinungen. Die Worte Maß und Maßstab spielten eine zentrale Rolle in der Begründung seiner Einfälle und Entwürfe. Körpergröße, Schrittlänge, Beweglichkeit, Augenhöhe etc. gehörten dazu, aber auch mentale Fähigkeiten wie Vorstellungskraft, Erinnerung, Erfassen von Zusammenhängen und jegliches Mitfühlen mit Lebewesen. Dies waren die Grundlagen seiner Längenmaße, Proportionen und Dimensionen beim Gestalten. Das menschliche Maß zu verlassen galt für ihn als Hochmut oder als Unfähigkeit, die jeweiligen Gesetzmäßigkeiten zu verstehen. Sein soziales und politisches Denken war geprägt von einem Menschenbild, das Verbundenheit mit der Schöpfung und eigene Erfahrung in die Mitte stellt. Dass jeder seinen eigenen Weg schon von Anfang an in sich trägt, ergab sich für ihn aus dem Nachdenken über ein Samenkorn. Ihm lag vor allem daran, Lebensbedingungen zu verbessern.

Bis heute höre ich seine Stimme. Einzelne Worte oder kleine Bemerkungen klingen nach, in denen er sein Lebensgefühl beschrieb. In der Schule hatte er Altgriechisch gelernt und sich sein Leben lang eine Reise nach Griechenland gewünscht, die er aber nie realisieren konnte. Ein besonders schönes Morgenlicht im Garten nannte er ein »Geschenk der Götter«. Und sein Rhododendrongarten unter alten Eichen hieß nur der »Rhododendron Hain«, was ja einen heiligen Ort unter Bäumen meint, wie im antiken Olympia, an dem man Göttern begegnen kann. Er sprach von Zeus, Hera, Athene, Diana und Aphrodite und besonders gern von Apollon, Pan und Dionysos als von lebendigen Gestalten menschlichen Seelenlebens. Ganz offenbar spürte er in seinen Gedanken und Planungen Kräfte am Werk, die er nur so benennen konnte. In architektonischen Elementen spürte er Apollon, den Gott der Klarheit und Eindeutigkeit, der Formen und des Geistes. Als gegenläufige Kraft dann Dionysos, der lustvolle, genießende Gott, der alles Wachsende und Vergehende, das ständig neue Leben und Sterben als Prinzip verkörpert. Das apollinische und das dionysische Prinzip waren die beiden Grundpfeiler seiner gestalterischen Arbeit als Garten- und Landschaftsarchitekt. Sie beschreiben den Spannungsbogen seines Lebens. Auch wenn es ihm nicht gut ging, war es das Schönste für ihn, zwischen seinen Pflanzen neue Bedingungen für Wachstum und Blüten zu schaffen. An solchen Tagen erlebten wir ihn morgens beglückt und offen für die Welt am Frühstückstisch, wo er von seinen Beobachtungen und kleinen Wundern erzählte. Seit Sonnenaufgang hatte er dann schon im Garten gearbeitet.

Die Götter waren für ihn keine Glaubenssache, sondern ihre Eigenschaften waren schlicht Beschreibungen von elementaren Kräften, die er in der »Schöpfung«, wie er die Natur nannte, und in sich selbst erlebte. Diese Kräfte müssen oft gewaltig und unberechenbar für ihn gewesen sein, insbesondere wenn er mit dem, was ihm zur Verfügung stand, nicht mehr weiterwusste. Er sprach, wenn überhaupt, dann nur im Bereich von Musik über innere Erlebnisse. Zum Beispiel war ihm die polyphone Kammermusik des Barock ganz besonders wichtig: der Zusammenklang unterschiedlicher und wesensverschiedener Einzelklänge. Bei seinen Entwurfsideen sprach er öfter von polyphonen Kombinationen oder vom Wechselspiel der Klänge. Wobei jeder Klang sein Wesen und seine Berechtigung hatte und seinen eigenen Wert. Das Ziel war eine neu gestaltete, einmalige Harmonie eingebunden in kosmische Gesetze – wie in der Musik. Er war kein religiöser Mensch, aber in allem, was er erlebte und in seinen Arbeiten mitteilen konnte, zeigte sich seine lebendige Spiritualität. Als er mir eine gerade aufgegangene Blüte in ganz zart hellem Orange an einem seit langem gepflegten Azaleenbusch zeigte, spürte ich seine Ergriffenheit. Wir verstanden uns ohne Umwege, direkt über die Wahrnehmung. Einmal sagte er mit einem Augenzwinkern: »Wenn ich noch einmal auf diese Welt kommen sollte, dann werde ich sicher ein Maler.« Es war klar, er meinte sein Gespür für feinste Farbklänge und Schattierungen und sein tiefes Empfinden dafür, was ein Bild in der Kunst für einen offenen Menschen bedeuten kann.

Die Entwürfe der Gärten und großen Anlagen schlossen natürlich Wachstum und Veränderungen mit ein. Die Pflege und regelmäßige Korrektur, die Unterstützung des Wachstums an allen Stellen des Gartens waren ein zentrales Thema mit jedem Bauherrn von Anfang an. Es gab Anlagen, die für weniger Pflege geplant waren mit langsam wachsenden, immergrünen Gewächsen. Wer aber viel Zeit im Garten verbringen wollte, bekam große Pflanzungen mit den üppigsten Stauden und Dauerblühern. Ein Garten spiegelt immer auch die Lebenssituation seiner Bewohner oder Eigentümer. So ging mein Vater sehr genau auf Bedürfnisse und Umstände seiner Auftraggeber ein und versuchte, ihnen bei der notwendigen Gartenpflege entgegen zu kommen, zum Beispiel mit anspruchslosen Blütengewächsen oder solchen Pflanzengruppen, die sich gegenseitig schützen und bestärken.

Ohne Pflege würde jeder Garten oder Park schnell verwildern. Als Fotograf interessieren mich die Grenzsituationen. Momente des Übergangs, in denen ein Zustand noch deutlich ist und ein anderer, neuer sich ankündigt oder schon in den alten einbricht. Verwandlung, ein Gespür von Zeit erscheinen mir besonders reizvoll und lebendig. Dabei geht es nicht um Melancholie oder gar Nostalgie, sondern um das Zusammentreffen einer Gestaltung oder Gestalt mit den ungeordneten, wilden Kräften der Natur. Dionysos meldet sich. Apollon ist nicht der Einzige. Chronos bestimmt das Geschehen... Heute sind mir einige Bilder aus alten, noch erhaltenen Gärten besonders wichtig. In ihnen erlebe ich meinen Vater neu an den gealterten Stellen seiner Entwürfe aus einer Zeit vor 50 oder 60 Jahren. Wenn die architektonische Grundform erhalten ist, kann der durch Wachstum veränderte Raum sich immer wieder neu darstellen. Das ursprüngliche Spannungsfeld verträgt viele Veränderungen.

Ein Brief an Adelheid Schönborn

*von Helmut Sedlmeier,
Landschaftsarchitekt*

Sehr geehrte Frau Schönborn,

ich darf vorab kurz an mich erinnern. Während meines Praktikums im Semester 1974–1975 habe ich Sie bei Arbeiten im Garten der Münchener Rückversicherung kennengelernt.

Sie haben mir erlaubt, bei Ihnen als Student zu arbeiten, später als Angestellter und dann als freier Mitarbeiter. 1981 habe ich mich selbstständig gemacht, zuerst mit einem Büro in München, dann ca. 30 Jahre lang in Dachau. Ich bin nun dabei, meine letzten Projekte abzuwickeln und mein Büro aufzulösen. Deshalb möchte ich nicht vergessen, mich bei Ihnen zu bedanken.

Bedanken, dass ich als Student bei Ihnen arbeiten durfte und somit mein Studium in Weihenstephan finanzieren konnte. Sie haben mich weitgehend selbstständig arbeiten und Selbstständigkeit lernen lassen. Ihre Korrekturen, insbesondere an Entwürfen, haben mich mehr gelehrt als diesbezügliche Vorlesungen in Weihenstephan.

Ich habe mir bis heute einiges Ihrer Planhandschrift bewahrt. Durch die Arbeiten für die Wohnanlagen der Münchener Rückversicherung habe ich mehr gelernt als in allen Studiengängen, vor allem Praxis. Meine Entscheidung, mich beruflich auf Objektplanungen festzulegen, hat auch mit dem damaligen Aufgabenbereich Ihres Büros zu tun.

Ich habe mein Büro nun fast 36 Jahre erfolgreich geführt und von Schlossrenovierungen bis Wertstoffhöfen bei weit mehr als 1000 Projekten fast alle Aufgaben der Objektplanung ausgeführt. Die Grundlage meines beruflichen Erfolges wurde in Ihrem Büro gelegt. Dafür herzlichen Dank.

Mit allem Wünschenswerten für Sie und besten Grüßen,
Helmut Sedlmeier. Dachau, 9. Januar 2017

2

Schloss Affing

Spaziergang 2
bei Augsburg
1985–2018

Die erste Schlossanlage
entstand um 1700 auf
einem Obstbaumhügel.

Ein begehbares Gemälde

Ein Garten als Gesamtkunstwerk. Was macht ihn besonders? Der Landschaftsgarten von Schloss Affing bei Augsburg wird schon im frühen 19. Jahrhundert angelegt und erzählt eine lange Geschichte über Kultur und Natur. Er erzählt aber auch eine wundervolle Geschichte über eine lange Freundschaft zwischen zwei passionierten Pflanzen- und Landschaftsliebhabern. Es ist eine herrliche Verwicklung. Wegen des Gartens ist eine freundschaftliche Verbindung gewachsen. Wegen dieser Verbindung wird der Garten weiterwachsen und auch in 100 Jahren seine Betrachter erfreuen. Das ist das Besondere.

Bauherr	Marian von Gravenreuth
Gartenarchitektin	Adelheid Schönborn
Orangerie-Sanierung	Graf Waldburg, Diessen
Pflanzenlieferung	Katharina von Ehren, International Tree Broker GmbH, Hamburg
Fläche	ca. 3 ha
Bauzeit	1985–2018, jährliche Parkbegehungen und Erneuerung des Gartens
Fotografie	Thomas Lüttge, 2009 Anna Schönborn, 2018

Schlosspark Affing

Die Orangerie steht im nördlichen Teil des Landschaftsgartens und wurde von dem Architekten *August von Voit* (1801–1870) erbaut.

Wie wohltuend ist doch die Studierstube in der Orangerie für Geist und Seele.

Dieses »Projekt« macht mir so viel Freude, weil es so anders läuft. Es kennt nur einen Anfang und entwickelt sich seit mehr als 30 Jahren fort. 1985 bittet mich der Schlossherr Marian von Gravenreuth um eine Beratung. Sein Garten soll neu gestaltet werden, ohne seinen Charakter zu verlieren. Es ist ein Landschaftsgarten nach englischem Vorbild, im frühen 19. Jahrhundert von Eleonore von Gravenreuth (1786–1832) angelegt. Wir machen einen großen Plan und überlegen, was zu tun und zu berücksichtigen ist. So muss die Auswahl der Gehölze aufgrund der eigenwilligen Lage des Schlossgartens wohl bedacht sein. Durch die hier etwas niedrigeren Temperaturen sind es vor allem einfache und heimische Baumarten wie Eiche, Esche, Buche sowie Erle und Pappel, die dem Garten seinen Zauber verleihen. Sie sind mir in all den Jahren ebenso vertraut geworden, wie der Park insgesamt. Jährlich wird er überarbeitet. Und jährlich überlegen wir in regem Austausch und bei gemeinsamen Park-Spaziergängen die nächsten Schritte. Die kleinen wie die großen. Und jährlich freuen wir uns über das, was die Natur letztendlich daraus macht. Es muss bei diesem »Projekt« ein göttlicher Funke am Werke sein. Sonst wäre das so nichts geworden.

Der Begriff des »Gartens« wird bereits im Altertum bei allen Völkern und Religionen erwähnt. Damit ist stets ein Ort des Friedens, der Kontemplation gemeint – wie dieses Salettl am Rosenhügel.

Schlosspark Affing

*»Allein im Winter,
ach – durch eine Welt
aus einer Farbe
bläst der Wind.«*
                    Matsuo Basho

Die Natur betrügt nicht. Im Rhythmus der Jahreszeiten zeigt sie in zauberhafter Weise das Wechselspiel von Werden und Vergehen. Die Gartenräume im Landschaftsgarten von Schloss Affing erschließen dem Betrachter stets neue Bilder. Wegeführung und Raumfolgen schaffen eine Dramaturgie aus Enge und Weite, Nähe und Ferne, Licht und Schatten. Perspektiven eröffnen sich und verschwinden wieder. Florale Partien im Wechsel mit grünen Strukturen und markanten Baumgestalten faszinieren durch ihre unerschöpfliche Wandlung.

linke Seite oben:
Verhüllung – der Winter verzaubert den Garten in einen Skulpturenpark.

linke Seite unten:
Der Weiher des Schlossparks wird im Winter überholt.

rechte Seite oben:
Enthüllung – ungeachtet eines störrischen Esels drängen im Frühling frische Blüten und grünes Laub ans wärmende Licht.

Weiher
Der Weiher muss alle zehn Jahre gesäubert und mit Holzstangen neu gefasst werden. Der jährliche Laubfall bildet eine dicke Schlammschicht.

Wassergraben
Ein Wassergraben läuft unaufgeregt und ruhig durch den Park.

Farbige Laubdecke
Im Herbst bietet die Natur ein prächtiges Farbenspektakel, der Maler schwingt seinen Pinsel und setzt auch Skulpturen mit ins Bild.

Schlosspark Affing

Wunderkammer
Seit ich denken kann, steht die markante Eiche unverändert an ihrem Platz und hängt ihre Zweige tief über die Wiesen. Sie wird nicht höher, nicht breiter, nicht dicker. Was wohl in ihr vorgeht? Das bleibt ihr Geheimnis. Licht und Schatten wechseln stündlich und verwandeln den Garten in eine Wunderkammer. Die Rasentreppe wurde 1998 angelegt. Sie stieß zunächst auf große Skepsis. Keiner wollte sich so recht vorstellen, wie sie gestaltet und aussehen wird. Heute tut sie so, als wäre sie schon immer da gewesen.

Farbe und Bewegung
Die bewegten Formen des Gartens lieben die Farbigkeit des Herbstes.

Maiandacht
Jedes Jahr im Mai kommt die Gemeinde Affing zur Maiandacht in den Park. Hier wartet schon das Harmonium auf die Sänger.

Flora und Fauna
Tiere und Pflanzen haben vieles gemeinsam. Im Alter möchte der Baum ein Tier sein. Er arbeitet unermüdlich an seinem Kopfschmuck.

Schlosspark Affing

kleiner Wasserfall
bunte Frühlingswiese
Weiher als Spiegel

Still liegt der frisch geputzte Weiher im Spiegel seiner Baumfreunde, gefasst mit der großblättrigen, überrandständigen *Petasites albus* und ihrer auffallenden Blättertextur. Geräuschvoll dagegen der kleine Wasserfall, der zum Weiher führt. Im Frühling schmückt sich die große Wiese mit einem Schleier von Wiesenblumen. Die Fläche wird erst gemäht, wenn die Blumensamen ausgefallen sind. Das Programm für das folgende Jahr. Und ein Gesprächsstoff für den nächsten gemeinsamen Spaziergang im Park.

Den Pavillon kaufte der Großvater Gravenreuth auf der Weltausstellung 1889 in Paris. Er bildet eine weitere Komponente des Gesamtkunstwerks »Schlosspark Affing«.

Die Farben der Herbstes tummeln sich in Form von bunten Blättern auf dem Blumenbeet.

Essay 3

Affing, 2018

Marian von Gravenreuth

Mein Blick geht in den Garten, Neues wird spürbar, im Licht, in der Luft. Überall schon erstes Grün. Durch den Schnee schieben sich die Spitzen der Blumen. In meinem Garten bin ich aufgewachsen. Er ist wie immer.

Nein, er hat sich völlig verändert. Ich glaube, mein Blick hat sich verändert. Meine Wahrnehmung, das, was ich mit meinen Sinnen bemerke. Was kann ich riechen, hören, sehen, schmecken und fühlen? Wie verändert sich das in mir mit der Zeit? Wie hat sich meine Seele bewegt? Wie kann ich diese Strömung beschreiben, dafür Worte finden – oder lässt es mich verstummen? Was war schon in mir und was habe ich gelernt?

So viele Fragen berühren mich, wenn ich über Adelheid nachdenke. Dieses Nachdenken habe ich auch von Adelheid gelernt. Ich war schon in meinen Dreißigern, als wir uns trafen. Mir wurde klar, dass es jetzt an mir ist, den Garten der Zukunft zu erkennen und zu gestalten. Ich brauchte Rat. So haben wir uns getroffen und viele Jahre sind seitdem vergangen.

In Gesprächen, Spaziergängen habe ich osmotisch von ihr aufgenommen, was den Horizont meiner Wahrnehmung erweitert hat. Konkret: Flachwurzler, Herzwurzler, Tiefwurzler, Gehölz mit oberflächennahem, intolerantem Wurzelwerk. Kleinbäume, mittelhohe Bäume, Großbäume, giftige Gehölze, duftende Gehölze, Gehölze mit hohem Ausschlagvermögen, lichthungrige Gehölze, schattenverträgliche Gehölze, wuchsresistente Gehölze, überflutungstolerante Gehölze, stadtklimatolerante Gehölze, industriefeste Gehölze, salzlufttolerante und bodensalzverträgliche.

Diese Fülle an Adjektiven, von Eigenschaften der Pflanzen in meinem Garten – und weit darüber hinaus –, berühren die Unendlichkeit, die Ewigkeit und machen die eigenen Grenzen klar.

Mein Blick auf die Welt wäre enger. Wie vielfältig ist der Boden: Ton, Sand, Kies, Steine, Torf, Humus oder Fels. Schluff, Schlamm. Humos oder anmoorig. Sauer, neutral oder alkalisch.

Rasentreppe, Brücken, Verbindungen, Perspektiven, Ziele. Was kann ich, muss ich schützen? Wann wird mir meine Verantwortung bewusst? Lerne ich aus meiner Verantwortung gegenüber Pflanzen auch etwas über meine Verantwortung gegenüber Menschen? Immer mehr Fragen. Auch das habe ich gelernt von Adelheid, vom Garten. So viele Fragen, so wenig Sicherheit. Und ein Dennoch.

Auch ein Tornado, auch ein Frost ist nicht nur ein Ende, sondern auch ein Beginn.

Aukube, Aronia, Asinnina, Cornus, Corylus, Crataegus, Fuchsia, Mahonia, Malus, Morus, Prunus, Rosa, Rubus, Sambucus, Sorbus, Ginkgo, Pinus – nur ein paar essbare Früchte.

»Hüter von Wald und Park Affing. Nicht nur, dass das Buch erscheinen kann dank seiner Großzügigkeit, nein – viele Gespräche im Park führten zu einer besonderen Freundschaft und tiefem Naturverständnis.«
Adelheid Schönborn

Marian von Gravenreuth wurde am 27. Oktober 1949 in Augsburg geboren. Die ersten zehn Jahre seines Lebens ist er hier in Affing groß geworden und in die Schule gegangen. Dann kamen Internate, schließlich das Abitur, ein Studium der Betriebswirtschaftslehre. Seit 1982 führt er einen land- und forstwirtschaftlichen Betrieb und hat sich mit großer Leidenschaft auf allen Ebenen in der Waldpolitik eingebracht. Nachhaltige Forstwirtschaft fasziniert ihn ebenso wie sein historischer Landschaftsgarten in Affing.

»Die Fülle des Lebens, der Garten als Paradies.«

Schlosspark Affing bei Augsburg

Garten- und Landschaftsgestaltung: eine Notwendigkeit oder schöne Spielerei?

*Adelheid Schönborn
Vortrag im Werkbund Bayern
1978*

Adelheid Schönborn
1938 geboren in Berlin
1944–1956 Schule in Altenmuhr und Gymnasium in Ansbach
1957–1958 Studien in Venedig und im Veneto
1958–1960 landschaftsgärtnerische Lehre in Nürnberg bei Oliver von Delius
1960–1962 Blumenbinderlehre in München bei Herta Barmetler
1963–1966 Studium der Gartenarchitektur in Weihenstephan
1966 Praktikum im Planungsbüro Alfred Reich in München
1967 »Prima progettista« im Planungsbüro Prof. Porcinai in Florenz
1968 Erste freischaffende Gartenentwürfe und Gründung eines Planungsbüros für Gartenarchitektur in München
1970 Heirat mit Philipp Schönborn, zwei Töchter
1971–2018 Mitglied im Arbeitskreis für Historische Gärten, Mitglied der Deutschen Gesellschaft Gartenkunst und Landschaftskultur (DGGL), Mitglied bei der Internationalen Dendrologischen Gesellschaft (IDS), Mitglied im Deutschen Werkbund Bayern (1. Vorsitzende 1992–1998), Kuratoriumsmitglied der Freunde der Preussischen Schlösser und Gärten Berlin. Lebt und arbeitet in Altenmuhr am Altmühlsee.

Garten, Landschaft und Natur sind ein unentbehrlicher Teil unseres Lebens. Sie sind ein Lebensmittel, so wichtig wie Brot. Seitdem wir sie wissentlich und sehenden Auges an die Grenzen ihrer Belastbarkeit bringen, sie misshandeln und ausbeuten, ist das Thema Umwelt, vor allen Dingen ihr Schutz vor dem Menschen, für den Menschen ein viel umstrittenes Thema. Die Debatte könnte indessen noch wesentlich vertiefter geführt werden, wenn ein Großteil der Bevölkerung diesem Tatbestand nicht gleichgültig und unwissend gegenüber stünde. Wissen wir, warum ganze Tier- und Pflanzengattungen verschwinden, ja aussterben? Wissen wir, warum sich das Klima verändert? Wissen wir, dass die häufigen Krankheitsbilder von den zum Teil miserablen Umweltbedingungen herrühren? Wissen wir, wie es wirklich um unsere Gewässer, um unsere Böden steht?

Warum revoltieren und protestieren wir Menschen nicht? Warum ziehen wir wortlos in lieblose Betonburgen? Ich erinnere an das Märkische Viertel in Berlin. Ist unser Gefühl für die Natur, für das Natürliche bereits ganz verkümmert? Sind wir bereits überfordert von Verkehr, Lärm, Luft- und Wasserverschmutzung, Werbung und Massenmedien, dass wir resignieren, dass der Mensch sich unmerklich verändert, sich den neuen Gegebenheiten anpasst? Man weiß heute, dass die Umgebung, in der der Mensch täglich lebt, maßgeblichen Einfluss hat auf sein Wohlbefinden, seine Stimmung, seine Entscheidungen und sein Handeln.

*»Hast du ein Gärtchen
und eine Bibliothek, so wird dir
nichts fehlen.«*
Marcus Tullius Cicero

Noch stärker als auf die abgestumpften Erwachsenen wirkt die Umgebung, besonders die bewussten alltäglichen Eindrücke, prägend auf Kinder und Jugendliche. Für Reklamefachleute und Propagandisten ist die Bedeutung der Umgebung für das menschliche Handeln selbstverständlich, ja Handwerkszeug. Die Einwirkungsmöglichkeiten für die Umweltgestaltung auf den Einzelnen und besonders auf die Gruppe der Kinder und Jugendlichen ist von ihnen seit langem wissenschaftlich untersucht und wird bewusst zur Verkaufsförderung eingesetzt. Es bereitet offensichtlich enorme Schwierigkeiten, gleiche Überlegungen auf die erweiterte Umwelt des Menschen, seine Stadt, sein Land, sein Wohnviertel, seine Grünanlagen, Erholungsgebiete und Gärten anzustellen. Besonders der tägliche Weg zur Arbeit, zur Schule, zum Einkaufen, der Spaziergang und die sportliche Betätigung im Grünen prägen unmerklich, aber stetig. An die Verantwortung aller Planer und Gestalter der Gesellschaft, an alle muss hier appelliert werden. Dem Städtebau, der Garten- und der Landschaftsplanung müssen ein hoher Stellenwert eingeräumt werden. Der räumlichen Ordnung von Wohnbebauung, Arbeitsstätten, Gemeinschaftseinrichtungen, Freizeit- und Erholungsflächen im Grünen muss der gleiche wichtige Stellenwert zugebilligt werden wie bodenpolitischen, verkehrstechnischen und finanziellen Überlegungen. Die Hauptaufgabe der Verantwortlichen ist es, dazu beizutragen, dass die Menschen sich in ihrem Quartier wohlfühlen. Nicht nur die Verantwortlichen, nein, jeder Einzelne von uns könnte durch Einsicht und aktives Bewusstsein für eine bessere Zukunft leben und arbeiten.

Wir drängen in der Freizeit in die *ursprüngliche Natur*, in die Berge, an die Seen: Massenbewegungen der Großstädter in die freie Landschaft. Aber da sind auch schon viele Menschen, Autos, Müllkippen, kranke Gewässer, Flächenfrass. Wohin soll diese Entwicklung führen? Was bleibt uns noch von ursprünglicher Natur? Liegt bei uns Garten- und Landschaftsarchitekten nicht eine große Verantwortung? Indessen nicht nur die Landschaft, auch der Garten, und sei er noch so klein, könnte zu einem wirksamen Mittel werden, Unzufriedenheit und das Gefühl, zu kurz gekommen zu sein, zu überwinden. Die industrielle Entwicklung mag dazu beitragen, Menschen schöpferischer Möglichkeiten zu berauben. Würde unsere Gesellschaft jedem, der es möchte, einen eigenen auch noch so kleinen Garten ermöglichen, so würde sie ihm damit echteste und intimste schöpferische Freuden zurückgeben, die ihm der sogenannte Fortschritt entzogen hat. Vielleicht wird man sich erst der wahren Notwendigkeit des Gartens bewusst, wenn man seine wichtigen Quellen bedenkt. Erzieherisch – hygienisch – ästhetisch. Das Fehlen und Verdrängen von Gärten mit künstlerischem Niveau hat unsere bedeutendsten Städte zum Teil herabgemindert zu einfaltslosen, deprimierenden Wohngebieten, die jede Atmosphäre von Urbanität der städtischen Wohnlandschaften vermissen lassen. Hätte man nach dem verheerenden Krieg wenigstens die Chance genutzt, alle Dächer zu begrünen. Wie viel schöner wären die Städte heute in ihren Neubaugebieten mit grünen, benutzbaren Dächern. Macht doch die Pflanze den menschlichen Urbanbereich erst vollkommen und lebendig. Vor allen Dingen in Industriegebieten ist der Kontakt zur Landschaft ein Muss. Hängt doch alles mit allem zusammen.

Unsere schönsten Anlagen in München stammen aus dem 18. und 19. Jahrhundert. Was wäre München ohne den Nymphenburger Park, ohne den Englischen Garten, ohne den Botanischen Garten? Eine Spielerei der damaligen Zeit? Heute ein unersetzliches Kulturgut. Der Englische Garten ist der ästhetische Mittelpunkt eines Zentrums von lebensbejahenden Wohnanlagen und Freizeiteinrichtungen, langsam und organisch gewachsen. Ebenso ein Zentrum verspricht das Olympische Gelände zu werden. Um den frischen demokratischen Ruf Münchens in die Welt zu tragen, griff man visionär tiefer in die Tasche, ohne an Profit zu denken. Auch die Fußgängerzone Marienplatz-Kaufinger-Straße scheint ein positiver Ansatz zu sein. Ich glaube, man sieht es den schlendernden Passanten schon im Gesicht an. Immer wieder gibt es Aufrufe: »Erhaltet und schafft Grünflächen in der Innenstadt!«

Der entscheidenste soziale Aspekt des Gartens und der Landschaft liegt in seiner erzieherischen Wirkung. Kinder und Jugendliche werden täglich angeregt, ihre Kräfte und Fähigkeiten im Kontakt mit der Natur zu erproben und dabei allen die Geheimnisse und Wunder der Natur näher zu bringen, die Achtung vor der Schöpfung.

Gestalterische Maßnahmen in Garten und Landschaft bedeuten zwar erhöhten finanziellen Aufwand. Er ist jedoch in Relation zum Gesamtaufwand einer Planungsmaßnahme sinnvoll und gerechtfertigt, ja marginal. Aber auch dort, wo äußerste Sparsamkeit zwingend erforderlich ist, bleibt dem Planer die Wahl zwischen guten und schlechten Lösungen, in der Gestaltung von Räumen, Gruppierung, Linienführung und Proportion der Elemente. Gut und schlecht findet man auch bei gleichem Kostenaufwand, entscheidend sind die Räume des Funktions- und Freizeitwertes. Ein Mangel an Geldmitteln kann keine Entschuldigung sein für gedankliche Trägheit gegenüber der Gestaltungslösung. Gestaltung kann keine nachträgliche Zugabe sein. Jede Planung muss schon im Stadium des Heranreifens der Idee neben allen anderen Überlegungen auf ihre Gestaltung immer wieder überprüft werden. Deshalb ist jeder, der an der Planung im Zusammenspiel aller Gewerke mitwirkt, zwangsläufig mitverantwortlich für die Gestaltung, für die beste Lösung. Es ist nicht immer zu erkennen, was an einer neuen Entwicklung zukunftsträchtig ist und was nur einer kurzlebigen Mode entspringt. Da von Beginn der Planung bis zu dem Stadium, in dem der Garten seine volle Schönheit erlangt, oft fünf bis zehn Jahre oder mehr vergehen, kann eine Modetorheit für alle Beteiligten sehr unangenehm sein. Das besagt nichts über Mode überhaupt. Ausstellungen mit ihren spielerischen Überraschungseffekten sind lebensnotwendig. Der Gartenarchitekt sollte jedoch

*»Warum revoltieren und
protestieren wir Menschen nicht?
Warum ziehen wir wortlos
in lieblose Betonburgen?«*

*»Jeder Einzelne von uns könnte durch Einsicht
und aktives Bewusstsein für eine bessere Zukunft
leben und arbeiten.«*

sehr bedacht mit modischen Gestaltungsmitteln umgehen. Sind Garten- und Landschaftsgestaltung Notwendigkeit oder nur schöne Spielerei? Sie sind im höchsten Maße Notwendigkeit, heute mehr denn je. Erzieherisch – hygienisch – ästhetisch.

Schlussbemerkung:
Der renommierte Architekt Karljoseph Schattner aus Eichstätt ist nach meinem Vortrag aus dem Werkbund ausgetreten.

2018:
Hat sich in 40 Jahren etwas verbessert? Wo bleiben die Visionen?

*»Erhaltet und schafft
Grünflächen in der Innenstadt!«*

Bauherr	Provinzialrat des Institutes B.M.V., der »Englischen Fräulein«
Architekt	Schmücking und Quast, München
Gartenarchitektin	Adelheid Schönborn
Fläche	ca. 3.700 m²
Bauzeit	1999–2002
Fotografie	Anna Schönborn, 2005

3

Garten der »Englischen Fräulein« in Pasing

Spaziergang 3
München-Pasing
1999–2002

Ein versteckter Garten

Die Römer nannten solch ein idyllisches Kleinod *Hortus conclusus*. Ein geschlossener Ort des Rückzugs, der Resilienz und der Ruhe. Hier wagen es nur Bienen, Hummeln und andere Insekten, mit ihrem eindringlichen Gesurre und Gesumme die Stille zu stören. Ein Paradies, inmitten eines lärmenden Großstadt-Vororts. Der Klostergarten der »Englischen Fräulein« (*Congregatio Jesu*) in München-Pasing trotzt stur dem lauten, schnelllebigen und hektischen Treiben der Großstadt. Im 19. Jahrhundert angelegt, behauptet er seine Tradition, verbindet diese aber zunehmend mit modernen Gestaltungselementen.

Garten der »Englischen Fräulein«

»Zeige dich, wie du bist. Und sei, wie du dich zeigst«, gibt Maria Ward (1585–1645) ihren »Englischen Fräulein« mit auf den Weg. Sie hat diese Ordensgemeinschaft gegründet, um nach den Regeln der Gesellschaft Jesu (Jesuiten) zu leben und Mädchen und Frauen weltweit eine bessere Bildung zu geben. Das war vor 400 Jahren. Zu dieser Zeit eine schier revolutionäre Geisteshaltung. Sie beeindruckt mich und beeinflusst meine Planung zur Neugestaltung des Klostergartens in ähnlicher Weise wie die gestalterischen Gegebenheiten vor Ort: der Baumbestand, mit seinen »alten Apfelknaben«, das alte Klosterhaus, die Insel mit der Marienfigur, der Kreuzweg. Was soll bleiben? Was muss weichen?

Gärten und Anlagen mit viel (alter) Substanz sind immer eine Herausforderung, die ich diesmal mit der Ordensoberin teile. Sie ist eine leidenschaftliche Gärtnerin. Jahr für Jahr bewirtschaftet sie gemeinsam mit den anderen Ordensschwestern den Nutzgarten zur Selbstversorgung. Obst, Gemüse und Kräuter werden mit Sorgfalt und althergebrachtem Wissen gepflanzt, gepflegt und geerntet. Ich erinnere mich an sie als eine mutige, ungewöhnliche und zugewandte Person, was die Zusammenarbeit vereinfacht. Für meine Pläne hole ich sie stets mit ins Boot. So sollen etwa die sperrigen »alten Apfelknaben« unbedingt erhalten bleiben, denn wo bekommt man noch so köstliche Äpfel her?

vier Staudenquadrate mit Tulpen und Narzissen im Frühling, mit Pfingstrosen, Rosen, Phlox und Astern im Sommer, mit Herbstastern, Schneerosen, Anemonen im Herbst

Der Meditationshof ist ein Bindeglied zwischen Kirche und Kloster, ein strenges Gewicht mit mittigem Brunnen, vier Buchskugeln und vier Rasenstücke in Anlehnung an alte Kloster-Kreuzgänge.

Durch einfühlsame Gestaltung entstand eine gelungene Verbindung zwischen Bestehendem und Neuem.

Hortensienstreifen im alten Obstgarten blühen von Juni bis zum Frost mit Herbstfärbung.

Die »alten Apfelknaben« spenden im Sommer Schatten und schenken im Herbst köstliche Äpfel.

Garten der »Englischen Fräulein«

Um die »alten Apfelknaben« herum entsteht so der neue Schmuckgarten mit ergänzenden Obstbäumen, einem Maulbeerbaum und Hortensienstreifen. Den Haupteingang zum Neubau begleiten neun quadratische Staudenbeete, die sich im Frühling, Sommer und Herbst mit ihrer Blütenfarbigkeit und Vielfalt schmücken. Eine blühende Welt vom Frühling bis zum Spätherbst. Im Winter erscheinen sie als eingehüllte Skulpturen. Aus dem vergessenen Innenhof ist ein kontemplativer Andachtshof entstanden. Er verbindet das Konventgebäude mit der Kirche. Der mittige Brunnen und die Einfachheit des Ortes schenken den Schwestern Ruhe und Geborgenheit. Gemeinsam mit der Ordensoberin ist es gelungen, eine harmonische Verbindung zwischen bestehendem Nutzgarten, den Altbauten und dem neu erbauten Gebäude herzustellen. Der rege Austausch während unserer Zusammenarbeit hat auch an anderer Stelle buchstäblich Früchte getragen. Denn nebenbei hat sie mir ein wunderbares Rezept für Holler-Sirup geschenkt. Ein sehr erfrischendes Sommergetränk, das ich hier gerne verrate:

Der Winter verändert den Eingangsbereich mit den Staudenbeeten, dem alten Baumbestand und den Innenhof und macht aus allem Skulpturen.

linke Seite unten rechts:
meditativer Innenhof
mit mittigem Brunnen

rechte Seite unten links:
»alter Apfelknabe«

rechte Seite unten rechts:
Vier Staudenbeete am
Eingang sorgen fast
ganzjährig für
Blütenzauber.

Holler-Sirup
20 Holunderblüten
1 Liter Weißwein
½ Liter Essig
2 kg Zucker
3 Zitronen in Scheiben mit Schale
24 Stunden stehen lassen, dann umrühren, weitere 24 Stunden stehen lassen, abseihen und in Flaschen füllen

alter Baumbestand zwischen
Nutz- und Schmuckgarten

4

Pinakothek der Moderne

Spaziergang 4
Türkenstraße, München
1993–2003

Der Wintergarten der Pinakothek der Moderne bietet Raum zum Verweilen.

Bauherr	Landbauamt München, Freistaat Bayern
Architekt	Stephan Braunfels
Gartenarchitektin	Adelheid Schönborn
Fläche	ca. 7.000 m²
Bauzeit	1993–2003
Pflanzenlieferung und Bepflanzung	Boymann GmbH & Co. KG, Glandorf
Fotografie	Thomas Lüttge, 2009
	AGS Landschaftsarchitektur, 2009

Die Unvollendete

Ein unvollendetes Museum auf dem Areal einer alten Militäranlage. Einst übten an diesem Ort mehr als 3000 Soldaten des Königlich Bayerischen Infanterie-Leibregiments durch Drill und Gehorsam die kriegerische Auseinandersetzung. Heute erfreuen sich hier Besucher aus aller Welt an der Kunst großer Meister und Maler. Die Pinakothek der Moderne gehört zu den größten Sammlungshäusern für moderne und zeitgenössische Kunst, Architektur und Grafik in Europa. Aber ihre Entstehung ist eine unvollendete Geschichte mit bislang ungewissem Ausgang. Vielleicht werden kommende Generationen einen guten Einfluss nehmen und die Geschichte zu Ende schreiben.

Pinakothek der Moderne

Begutachtung
Der Architekt und die Gartenarchitektin begutachten das Setzen der Großbäume durch die Lieferfirma Jens Boymann, die spezialisiert ist für die Begrünungen von Innenräumen mit großen Bäumen.

Einpflanzung und Bewässerung
Um die 8–10 Meter hohen Baumriesen in das vorbereitete Pflanzenloch zu setzen, bedarf es Maschinenkraft und mehrerer starker Männer. Das vorbereitete Pflanzloch ist vorab mit Spezialsubstrat und Vorratsdüngung ausgestattet worden. Bewässerungstropfleitungen, Steuerventile und elektronische Bodenfeuchtigkeitsregler versorgen die Bäume mit Wasser. Je Baum regelt ein Steuergerät die Bewässerung.

Immergrüne Bäume – *Ficus longifolius* – wurden mit Reinhold Baumstark und Stephan Braunfels in Belgien ausgesucht. Der Architekt hätte gerne Palmen in den Wintergarten gepflanzt. Palmen mit starken, exakten Füßen passend zu den Säulen der Architektur. Die Wahl fiel dann doch auf den passenden Großbaum mit üppiger Blätterkrone.

Am Areal der ehemaligen Türkenkaserne lief ich als Studentin häufig vorbei und erinnere mich noch gut an die bis an den Gehsteig reichenden Rudimente, die schließlich in den 1970ern abgerissen wurden. Gut 30 Jahre später ist es kein Vorbeigehen, sondern ein Auftrag, der mich mit der Geschichte dieses Ortes verbinden wird. Denn zur Architektur eines beeindruckenden Museumsbaus gehört auch die Gartenkunst mit hochwertigen Innen- und Außenräumen. Der Wintergarten empfängt den Besucher mit einem Restaurant. Soll er ohne Bäume bleiben? Nein, auf keinen Fall. Eigens dafür reise ich mit dem Direktor der Bayerischen Staatsgemäldesammlungen, Reinhold Baumstark, und dem Architekten Stephan Braunfels nach Belgien. Schlussendlich finden sechs immergrüne Großbäume, *Ficus longifolius*, ihren geeigneten, hellen Standort im Wintergarten an der Südseite des Museums. Indessen ist die Außengestaltung des Museums geprägt durch mächtige alte Kastanien. Sie stammen aus der Zeit der Türkenkaserne und konnten dank intensiver Pflege erhalten bleiben. Die straßenbegleitenden jungen Kastanien stehen dagegen leider auf dem Schutt der abgetragenen Kaserne und wachsen daher langsam und beeinträchtigt. Wie würde dieses Ambiente wohl wirken, wenn der bislang unvollendete, zweite Bauabschnitt endlich fertiggestellt werden würde? Er soll das Museumsgebäude im Süden und Osten ummanteln und zusätzliche Räume für Exponate, Verwaltung und Künstlerateliers sowie für die grafische Sammlung schaffen. Aber die Pläne liegen weiterhin im Dunkeln. Dagegen wirkt die in der Hauptachse zur Alten Pinakothek gesetzte Großplastik des baskischen Künstlers Eduardo Chillida (1924–2002) wie ein verbindendes Gelenk zwischen den drei Pinakotheken. Der Name des Kunstwerks lautet übersetzt »Auf der Suche nach dem Licht«. Treffender kann man die Geschichte um das unvollendete Museum nicht beschreiben.

Das Museum Brandhorst

Spaziergang 4
Türkenstraße, München
2007–2010

Postkarte:
Walter Gropius, Gründer des
Bauhauses 1919 in Weimar.
Vertrieb in Deutschland durch:
Taurus-Kunstkarten GmbH

Bauherr	Bayerische Staatsgemäldesammlung
Architekt	Sauerbruch Hutton
	Gesellschaft von Architekten mbH
Gartenarchitektin	Adelheid Schönborn
Fläche	2.500 m²
Bauzeit	2007–2010
Fotografie	AGS Landschaftsarchitektur, 2009

Geschichte zur Geschichte

Geschichten reihen sich aneinander. Jede einzigartig schillernd. Alle miteinander in einem bunten Bild vereint. Die unvollendete Geschichte der Pinakothek der Moderne ist eng verbunden mit der Vollendung des Museums Brandhorst. Eine Vollendung, deren Entstehungsgeschichte nicht von Konsens, sondern von einigen Querelen getragen wird. Schwer zu glauben, wenn man sich dem Museum Brandhorst nähert und einen die Suggestivkraft seiner farbenfrohen Fassade in den Bann schlägt. 36.000 unterschiedlich leuchtintensive Keramikstäbe strahlen in einer Art und Weise, als würden sie alle trüben Geschichten um die Entstehung des Museums einfach weglachen wollen.

Das Museum Brandhorst

Vergängliche Schönheit
Der Raps inmitten des Kunstareals wird niemals wiederkehren.

Die kantige Architektur der beiden Kuben und die farbenintensive Fassade des Museums Brandhorst haben dem Münchner Kunstareal einen schillernden Mosaikstein hinzugefügt und das Erscheinungsbild der Türkenstraße nahezu vitalisiert. Als wunderbaren Kontrast gilt es hier, die alten knorrigen Robinien als Baumschleier zu erhalten. Gleichzeitig werden neue hinzugefügt und führen zum Haupteingang des Museums Brandhorst an der Ecke Türken- und Theresienstraße. Die verbindenden Grünflächen zum Türkentor und zur Pinakothek der Moderne nehmen dem Gesamtaußenraum ein wenig den Eindruck einer unvollendeten Pinakothek.

In diesem Zusammenspiel dient das denkmalgeschützte Türkentor als visueller Knotenpunkt zwischen der Pinakothek der Moderne und der Sammlung Brandhorst. Es ist der einzig verbleibende Gebäuderest der 1826 errichteten Türkenkaserne und wird im Zuge der Baugeschehen für die Brandhorstsammlung saniert. Weniger ein großer Wurf, aber eine dringend notwendige Maßnahme. Ich erinnere mich an den Haupteingang an der Türkenstraße als einen Bretterverschlag mit herunterhängenden Plakatfetzen. Wie finster es wohl innen aussah, wissen nur Eingeweihte. Heute ist es ein bedeutendes Schmuckstück in der Achse zur Alten Pinakothek.

Als umfunktioniertes Kunstmuseum beherbergt es die von der Stiftung Brandhorst erworbene Skulptur *Large Red Sphere* des amerikanischen Künstlers *Walter De Maria* (1935–2013). Eine auf einem dreistufigen, runden Podest ruhende, rote Granitkugel mit einem Durchmesser von 2,60 Metern und einem Gewicht von 25 Tonnen. In ihrer glatt polierten Oberfläche spiegeln sich Raum und Fenster. Es bleibt dem Auge des Betrachters überlassen, welche Geschichte er darin lesen will.

Auch der Mohn kehrt niemals wieder

Im Laufe einer Bauphase entstehen Bilder, die niemals wiederkehren werden. Der ausgebrachte Oberboden entfaltet seine schlummernden Schätze mit Mohn und Raps in einer üppigen Blütenfülle. Das Leben geht weiter, die kurze farbige Pracht wird in eine benutzbare Rasenfläche verwandelt. Ob der langfristige Plan, auch die angrenzenden Institutsgebäude an der Theresienstraße aus den Nachkriegsjahren in Neubauten für das Kunstareal zu verwandeln, gelingen wird, steht in den Sternen. Vorläufig trennen sie benutzbare Rasenflächen und Wegeverbindungen.

Das Museum Brandhorst

Passe
Wer kann heute noch einen Pflasterweg höchster Qualität in »Passe« herstellen? »In-der-Passe-Pflaster« bedeutet, dass nicht ausschließlich mit quadratischen Pflastersteinen gearbeitet wird. Die Steine werden so verarbeitet, wie sie gerade in die Lücke passen. Dadurch entsteht ein sehr lebhaftes Fugenbild.

36.000 unterschiedlich leuchtintensive »Keramikbaguettes« entfalten eine Suggestivkraft, der man sich kaum entziehen kann.

Mit ihr nach Arkadien

von Mario Terzic

Prof. Mario Terzic, Künstler in Wien 1945 geboren in Feldkirch/Voralberg, 1964–1968 Studium an der Akademie für angewandte Kunst (Wien), abgeschlossen mit einem Diplom in Industriedesign, (Gast-) Professuren an der Hochschule für Gestaltung in Offenbach, der Universität für angewandte Kunst Wien, der Academy of Fine Arts and Design in Beijing, 1998–2003 The Trinidad Group – Art, Garden, Agriculture. Als »professioneller Amateur« arbeitete er als Zeichner, Designer, Reiseleiter, Festgestalter und Landschaftsdesigner. Ausstellungen in Wien, Frankfurt, London und Peking. Seine Skizzen und Designs wurden veröffentlicht in Tim Richardson »Landscape and Garden Design Sketchbooks«, Thames & Hudson, London.

»Eine gemeinsame Reise durch Europa auf der Suche nach Arkadien war das Fundament einer langen, sehr kreativen Freundschaft. Als Professor an der ›Angewandten‹ in Wien hat er mir häufig Mut gemacht, meinen Weg entschieden zu gehen.«
Adelheid Schönborn

Vor Jahren erzählte ich Adelheid im Garten in Muhr von einem alten Projekt. Vom Belvedere in Wien, von meiner Suche in vielen Gärten und der Entdeckung von Creux-de-Genthod am Genfer See. Arkadien! Die Heimat des Gottes Pan und später das Land klassischer Sehnsucht, aber auch der Schreber-Phantasien von bukolischer Idylle, Hirtenleben, Liebeshändeln und der Zeitlosigkeit im Blick nach dem Zug der Wolken. Arkadien gibt jenem Gefühl Raum, das im Landleben die ideale verlorene Heimat sieht. Erinnerungen daran sind in den Phantasien aller graugeborenen Stadtmenschen verborgen, die Dressur der Träume als Bedingung der Zivilisation. Mein Projekt Arkadien ist Werbeveranstaltung für eine Kunstreise, inszeniert mit Bildern, Objekten und Plastiken in einem Barockgarten. Es strebt die blutarme Schönheit einer Haute-Couture-Modenschau in der Derbheit einer NATO-Jacke an, die barocke Fülle von Trianon, verwirklicht in Bastelholz und Leinwand, die Jugendseligkeit der Werbung und kann doch weder getrunken, versprüht, noch an eine Steckdose angesteckt werden. Zu betrachten sein wird Sonnenlichtkino, bunt wie der Regenbogen und ebenso vergänglich.

Wir fanden uns wieder am Mont Ventoux, in San Vigilio, in der Villa Aldobrandini, auf Waldwegen im Almtal – in Gedanken immer öfter in Arkadien – bis es notwendig wurde: Wir fahren hin! Auf ins tiefste Arkadien!

Nach Dutzenden Telefonaten und Mails war es soweit: Eine ganze heitere Truppe traf in der Taverna am Hafen ein, Wiedersehen, Umarmungen. *Greek Coffee*, frischer Orangensaft, klebrige Süßigkeiten, besucht von großen Schwarzen Holzbienen. Und endlich der Bus, schon gut gefüllt – wir fanden trotzdem alle Platz.

Rucksäcke, Sonnenhüte, Wasserflaschen über uns und zwischen den Beinen. Dann ging es dahin! Die Piste wurde löchriger, das Laub der Ölbäume staubweiß. Nach einer eher abrupten Bremsung deutete der Fahrer, die »Deutschen« wären am Ziel. Rauhe Stimme aus den Bartstoppeln: »Arkadien, óchi makriá, pánta eftheía, very hot! Potó, potó! Germania gut, Rehakles gut, Angela Merkel Nazi, áviro, hasta la vista, bye, bye!«

Draußen standen wir im Kreis – eine Welle zuversichtlicher Heiterkeit hatte alle erfasst. Vorschläge, Besserwissereien, eine Wanderkarte, die Kinder wischten auf ihren Smartphones. Schließlich entdeckten wir am Wegrand einen Steinhaufen, darauf sagte ein sonnenzerfressener Pfeil: »Welcome to Arcadia«? Wir waren also nicht die ersten. Ungerührt übernahm Adelheid entschlossen die Führung. Mit dem Gehen verstummte das Geschwätz, manche machten erste Schlucke aus der Flasche. Ziegen. Der Wind trieb Fetzen von Zementsäcken Marke Herakles über die Macchie, rostige, plattgefahrene »Mythos«-Bierdosen zwischen Distelstauden. Traktorreifenspuren im Wegschotter. Zikadenklangwolken. Schon nach wenigen Minuten tauchte zu unserer Bestürzung eine verlassene Bude auf, »Arcadia« war in abblätternder Farbe zu lesen, auf einem Fahnenstängel am Dach flatterten weißblaue Stoffreste. Stapel bleichgrüner Bierkisten lehnten an der Wand. Im Holz eingeritzt: Lilli, Schatto, Raoul, Susi, Sani, Beate, Chris. Klasse für Malerei, Attersee, Uni Angewandte, Vienna, Austria. Ernüchterung – Arkadien hier?

Adelheid bemerkte die windige Bude kaum, sie folgte weiter ihrem inneren Kompass. Der Pfad wurde schmaler und steiler, verzehrender Hunger senkte sich über so manche Weggenossen – die erfahrene Landschaftsarchitektin wusste Rat: Etwas also, das Horaz als *Latrantem stomachum* bezeichnet. Ich lehre meine Begleiter, wie man diesen knurrenden Magen bis zur nächsten Rast beschwichtigen kann; ich mache sie auf einen kleinen Sauerampfer mit pfeilspitzenförmigen Blättern inmitten des Gerölls aufmerksam, den *Rumex scutatus L.*, den Schildampfer, und mit dem Beispiel vorangehend pflücke ich eine Handvoll davon. Zuerst wird über meinen Vorschlag gelacht; ich lasse sie lachen, aber bald sehe ich sie alle beim Pflücken des köstlichen Sauerampfers miteinander wetteifern.

Einzeln, in wechselnden Abständen stiegen wir höher, endlich, nach einer weiteren nicht eben mühelosen Stunde war es soweit: Nun beginnt eine jener homerischen Mahlzeiten, die in einem Leben Epoche machen. Die ersten Bissen werden mit einer Art Tobsucht verschlungen. Die Scheiben der Hammelkeule und die Brotstücke folgen einander in beängstigender Schnelligkeit. Jeder, ohne dem anderen seine Besorgnis mitgeteilt zu haben, wirft einen besorgten Blick auf die Vorräte und fragt sich: Werden wir genug haben, wenn es so weitergeht, wird es noch reichen für heute Abend und morgen? Immerhin, der erste Heißhunger ist besänftigt; hat man zuerst schweigend die Mahlzeit verschlungen, so fängt man jetzt an, zu essen und dabei zu plaudern, die Güte der Speisen zu würdigen. Der eine lobt die Oliven, von denen er eine um die andere mit der Spitze seines Messers aufpickt, ein anderer preist den Topf mit den Sardellen, während er auf seiner Brotscheibe den kleinen ockergelben Fisch zerlegt, ein Dritter spricht begeistert von den Würsten, und alle endlich rühmen die kleinen, kaum handtellergroßen Käse, die mit dem *pèbre d'ase* gewürzt sind. Bald werden die Pfeifen und die Zigarren angezündet, und alle legen sich auf die Matten, den Bauch in der Sonne. Nach einer Stunde Mittagsrast heißt es: Auf! Die Zeit drängt, wir müssen uns von Neuem auf die Beine machen.

Essay 5

Auf dem Gipfel des Mont Ventoux sah ich, wie ein Pappflügel mit eingebauter Bach-CD mit Luftballons ins All schwebte.
Foto: *Mario Terzic*
1984

Nicolas Poussin
Zeichnung: *Mario Terzic*
2017

»... süß ist der Leichtsinn am rechten Ort!«

»Auf und säume nicht lange!«

Im Gehen las uns Adelheid die Bäume vor, sprach mit ihnen, lobte die starken und tröstete die verdorrten: Jahrhunderte alte wilde Ölbäume ragten aus immergrünem, magerem Gebüsch. Weinreben der Wildform *Vitis sylvestris*. Eine stattliche, reich verzweigte blattlose Tamariske, *Tamarix aphylla*. Ein Styraxbaum, *Styrax officinalis*. Grimassenhaft verzerrte Exemplare von *Juniperus excelsa*. Dazu sammelte sich in ihrer Hand ein kleiner Strauß – rote Kronenanemone, scharlachroter Hahnenfuß, duftender, zart violetter *Nardostachys jatamansi*.

Auch kam sie zu einem Baum, der hing voll Äpfel und rief ihr zu: »Ach, schüttel mich, schüttel mich, wir Äpfel sind alle miteinander reif.« Da schüttelte sie den Baum, dass die Äpfel fielen, als regneten sie, und schüttelte, bis keiner mehr oben war; und als sie alle in einen Haufen zusammengelegt hatte, ging sie wieder weiter.

Von drei vorausgeeilten Jungen kamen plötzlich aufgeregte Gesten, man habe etwas gefunden. Mitten unter dicken Wurzelarmen von Eichen und Terebinthen ragte ein von Flechten verkrusteter Steinsockel aus dem Boden, ringsum verwitterte, zerborstene Brocken – Marmor! Neugierige Unruhe bei den Eintreffenden, Erschöpfte sanken zu Boden und warteten gespannt. Adrian scheiterte bei dem Versuch, das Bergprofil von Poussins Gemälde »*Et in Arcadia ego*« mit dem Panorama vor uns auf seinem Garmin-Art-Camper 860-LMT-D abzugleichen. Könnten wir am Ziel sein?

Zweifel, ja sogar Resignation zeigte sich auf den erhitzten Gesichtern. Mit roten Wangen ging Adelheid Kreise, ertastete mit ihren Augen die Landschaft, memorierte Goethe: »... du flüchtetest ins heitere Geschick! Zur Laube wandeln sich die Thronen – arkadisch frei sei unser Geist!« Vorsichtig legten wir die Marmorbrocken frei, versuchten sie Stück für Stück zusammenzubauen. Jemand opferte seine Zahnbürste und so kehrten wir sanft die Spuren eingemeißelter Buchstaben frei: »ET ARC A EGO«. Es waren die Trümmer des Sarkophags, an dem Poussin seine Hirten verewigte.

Adelheid hat uns sehnsuchtsicher nach Arkadien geführt. Es war still, die Spannung wich einer alle ergreifenden Dankbarkeit. Am seidig blauen Himmel kündigte sich die Dämmerung an – was wurde es noch für eine Nacht zu Ehren des Pan und des Dionysos! Mit zartem Spiel erfüllte Christiane der Syrinx ihren Traum von Heimat und der lobpreisenden Zitate war kein Ende.

Adelheid war wie verwandelt, war über Nacht zur Arkadierin geworden. Noch in der Morgendämmerung, während alle noch schwer lagen, begeisterten wir beide uns an Ideen, ja konkreten Vorstellungen, wie dieser wahrhaft abendländische Ort zu einem würdigen Hain werden könnte: Eine Einfassung schien uns nötig, etwa ein Rundweg oder ein Ha-ha, eine Mauer wie um das Paradies? Gehölze und Gräser sollten von gärtnerischer Hand gepflegt werden, natürlich müssten die Trümmer des Sarkophags behutsam geordnet und so gesetzt werden, dass er auch ohne Restaurierung klar erkennbar wird. Wenige ausgewählte Objekte sollten Erhabenheit verleihen. Sicher ein kleiner Tempel zu Ehren Erwin Panofskys, idealerweise nach Entwurf von Peter Zumthor. Wir hielten Ausschau nach Plätzen für eine Pan-Statue, vielleicht gehauen von Stephan Balkenhol. Und ein Dionysos? Wir skizzierten einen Bienenstock, den Ziegenstall und goldene Ameisenhaufen. Etwas weiter unten für Besucher eine einladende Mülltonne, Design Ross Lovesgrove. Selbst die Zikaden ruhten noch, als Kinderlärm ertönte, sie schleppten einen Fund an: eine stark vermoderte Holzschachtel. Brennstempel waren darauf zu erkennen: »N. P. und S. Macle & H. Roché, 4, Rue Grenier, Saint Lazare, Paris«. Poussins Pastellkasten! Triumphgefühle!

Zur Stunde des Abmarsches wurde allen klar, Adelheid bleibt hier. Fassungslosigkeit bemächtigte sich der Reisegruppe – schier endlose Umarmungen, Küsse, zahllose Wünsche, eine Träne. Dann immer wieder Blicke zurück, bis sie hinter Steinen und Zweigen verschwunden war. Unter den elegisch gestimmten Wanderern hörte man erste Pläne für baldige Besuche in Arkadien.

»Wie schäfermäßig, wie getreu will ich Climenen lieben, bis meinen ehrfurchtvollen Trieben ihr Mund erlaubt, dass ich ihr Schäfer sei.«

Bauherr	Privat
Architekt	Hilmer Sattler Architekten Ahlers Albrecht, München
Gartenarchitektin	Adelheid Schönborn
Bauzeit	2003–2005
Pflanzenlieferung	Fa. Lorenz von Ehren, Hamburg
Fotografie	Thomas Lüttge, 2006
	Anna Schönborn, 2009

5

Privatgarten in Nymphenburg

Spaziergang 5
München
2003–2005

Das Reich der Freiheit

»Im Garten manifestiert sich unsere Freiheit, weil wir den Garten gestalten, indem wir unter den Dingen, die uns die Welt Gottes zu bieten hat, auswählen, und das Wählen ist ja, wie wir wissen, eine fundamentale, unumgängliche Form der Freiheit. Unter allen Nutz- und Zierpflanzen, die in einer Klimazone wachsen, unter allem, was die uns bekannte Welt zur Verfügung stellt.« Ja, es stimmt, was Dževad Karahasan in »Das Buch der Gärten« so wunderbar beschreibt. Das Gefühl der Freiheit ist meinem Gartenleben sehr eigen. Besonders spürbar wird es dann, wenn ich bei Planung, Gestaltung und Umsetzung vollkommen freie Hand habe. Bei diesem Projekt etwa hat mir mein Bauherr nicht verraten, was er sich vorstellt oder wünscht. Also ist der Gartenentwurf in das Reich meiner eigenen Träume gewandert. Mit einer unbändigen Freude genieße ich es, Raum und Natur des Gartenreichs gestalten und dazu Gehölze, Pflanzen, Materialien frei auswählen zu dürfen.

Privatgarten Nymphenburg

Herbst-Szene
Die malerische Kulisse des Gartenreichs scheint unendlich verwoben mit den Rändern des Nymphenburger Parks. Nähe und Weite, dunkel und hell, Himmel und Erde formen das Bild.

Ein Plan für das Gartenreich
Das Gartenreich grenzt direkt an den Nymphenburger Park. Es wird für mich zum Inbegriff der Freiheit, Raum und Natur nach meinem Ideal gestalten zu dürfen. Die rechte Ecke wurde nach 2005 noch dem Garten zugeschlagen und im Sinne des Bestandes weiterentwickelt.

Zitrusfrüchte
Der Orangerie ist ein kleiner Zitrusgarten vorgelagert. Orangen und Zitronen gedeihen hier im Sommer prächtig und setzen gleichzeitig Blüten und Früchte an. Spätestens vor dem Frost finden sie ihren Platz im Kalthaus, wo sie bei mediterranem Klima bis zum Frühling überwintern. Der Duft der Zitrusfrüchte erfüllt das Kalthaus, während man gleichzeitig die Früchte erntet.

Hortensien im Wind
Am Wegesrand wiegen sich die weißen Sommerblüher im Wind. Sie verfärben sich stetig mit der Jahreszeit, bis sie im Dezember als dekorative rostrote Blütenstände und bedeckt durch Raureif den Winter überstehen können.

Im Gartenreich meiner Träume

»Warum muss ich mit Ihnen unbedingt nach Hamburg fliegen. Gibt es denn in München keine Bäume?«, wundert sich der Bauherr am Münchner Flughafen. Doch, schon. Aber schöne, gerade gewachsene, bis zu zehn Meter hohe Bäume habe ich bislang nur im Norden gefunden. Sie entsprechen meinem Ideal für das Gartenreich. Hier muss der Betrachter von früh bis spät alle Tageszeiten, hell und dunkel, Licht und Schatten erleben, um die Vielfalt der Bilder zu erkennen. Das Gartenreich lebt und beeindruckt durch das Spannungsfeld zwischen gewollter Wildnis und gestalteten Formen, zwischen gepflegten Gartenräumen und freiwachsenden Baum- und Strauchgruppen. Wilde Pflanzen dürfen ebenso wenig fehlen wie eben große, tonnenschwere Bäume. Gräser, Stauden und Ziergehölze in jahreszeitlich wechselnden Farben beleben ganzjährig das Bild. Und, was wäre ein Gartenreich ohne einen kleinen Wirtschaftsgarten, in dem Kräuter, Blumen und Gemüse nach Belieben wachsen? Im Gleichklang mit seinen eingebetteten Steinsetzungen, Bauten und Kunstwerken wird das Gartenreich schließlich zu einem kontemplativen Ort für alle Besucher und Betrachter.

Natürlichkeit
Gräser und Steine stehen so selbstverständlich nebeneinander, als hätte die Natur sie dort hervorgebracht. Im Hintergrund präsentiert sich ein Holzpodium am Wasser.

Flora und Fauna
bepflanzter Weiher
mit Vogeltränke

Privatgarten Nymphenburg

Der Zierapfelhain
Im Frühling verwandelt sich der Apfelhain in ein weißes Schneegewitter – eine berauschende und betörende Blütezeit.

Farbenspektakel
Die roten Astilben glühen am Wegesrand und führen zur Orangerie.

Raum – Struktur – Farbe
Himmel und Erde, eine göttliche Einheit von Farben und Formen der Natur. Der Zierapfelhain *Malus Evereste* trägt im Herbst tausende kleiner essbarer Zieräpfel. Das Kerngehäuse ist *en miniature* exakt wie in einem großen Essapfel. Die leuchtend roten Kügelchen hängen bis weit in den Winter hinein und sind eine beliebte Vogelnahrung.

Durchhängendes Tuch
Beeindruckend ist das »durchhängende grüne Tuch« im Hintergrund. Eine sanfte Mulde in der Rasenfläche, gefasst von weißen Hortensien, überrascht den Betrachter.

Vordergrund und Hintergrund
Das rote Pfaffenhütchen ragt aus dem Blau des Himmels. Das Weidenröschen am Wasser, ist es Spiegel, oder hängt die Weide am Boden?

rechte Seite links oben:
Die *Hamamelis* blüht im Frühling.

rechte Seite Mitte links:
Pocket Garden mit Wasserzapfstelle

rechte Seite links unten:
Steinsetzungen und Farben prägen den Pocket Garden.

Privatgarten Nymphenburg

Tonfarben
Ein ruhig sprudelnder Wasserkanal durchläuft wie im vorderen Orient den Zitrusgarten und spendet sanfte Geräusche und Kühlung. Die Terrakotta-Töpfe stehen auf gestoßenem Ton in der gleichen Farbe.

Spaziergang durch das Gartenreich

An der Ostseite des Geländes schlüpft der Gartenfreund durch einen »Japanischen Pocket Garden«. Wasserstelle, Steinsetzungen und Gräser geben dem Kleinod Raum, Struktur und Farbe. Von hier aus lässt es sich gut in das Gartenreich eintauchen. Von der schwebenden Holzterrasse kann man das Wasser mit seinen wechselnden Spiegelbildern und Bepflanzungen betrachten. Ein kleines Pflanzenhaus mit Zitrusgarten und Wasserkanal rahmt die große Rasenfläche, die wie ein leicht durchhängendes Tuch das Auge nicht loslässt. Der Spaziergang führt weiter zu einem mit Wildstauden bepflanzten Weiher. Im Hintergrund sieht man einen kleinen Hain aus neun Zierapfelbäumen *Malus Evereste*. An einem Rosenhaag vorbei, in leicht welligem Gelände, endet der Weg in einem Rosen-Salettl. Im Hintergrund schließen große Bäume den Raum ab. Das gesamte Gartenreich ist gerahmt mit einer doppelten, höhengestaffelten Rotbuchenhecke, in deren Zwischenräume abends sanftes, indirektes Licht scheint. So, als würde ein Gestirn seine Strahlen schicken.

Besucher bei Regen
Leidenschaftliche Gartenliebhaber lassen sich auch durch Regen nicht beeindrucken. Im Gegenteil: Man ist froh über eine Kühlung von oben.

Salettl mit Rosenhaag
Der Weg rechts und links besticht mit verschiedenen farblich abgestimmten Rosen. Der Rosenhaag endet an einem heute rosenberankten Salettl. Hier kann man in Ruhe sitzen, schreiben und nachdenken, bei einer Tasse Tee oder einem Glas Wein.

Mit allen Sinnen
Die Schönheit dieses Gartens, der vom Bauherrn mit großer Sorgfalt gepflegt wird, lässt sich nur mit allen Sinnen erfahren.

Baum am Kran
Großbäume von bis zu zehn Meter Höhe wiegen Tonnen und müssen mit dem Kran an ihren vorbereiteten Standort transportiert werden.

Auch der Nutzgarten darf im Gartenreich nicht fehlen. Kräuter, Gemüse und Blumen für die Vase werden hier sorgsam gepflegt.

Schloss Elmau

Spaziergang 6
Elmau
2006–2015

Bauherr	Dietmar Müller-Elmau
Architekt	Hilmer Sattler Architekten Ahlers Albrecht, München
Gartenarchitektin	Adelheid Schönborn
Pflanzenlieferung	Bruns Pflanzen-Export GmbH & Co. KG, Bad Zwischenahn
Gartenausführung	Fa. Baur, München
Fläche	ca. 3.500 m² + 1.000 m²
Bauzeit	2006–2007 und 2014–2015
Fotografie	Thomas Lüttge, 2009 Anna Schönborn, 2007–2008

»Was haben Sie hier eigentlich gemacht? Die Landschaft ist doch sowieso da!«, empört sich der Bauherr mit Blick auf die Buckelwiese. Es stimmt. Diese grasbewachsenen Bodenwellen sind typisch für die Region um Krün und Klais. Aber diese Buckelwiese ist besonders. Als Rekonstruktion begrünt sie die neu angelegte Tiefgarage von Schloss Elmau mit Enzian, Primeln und Nelken. Das Bunte der Blüten sowie die Höhen und Tiefen der Bodenwellen entsprechen der Geschichte und dem Lebensgefühl des hiesigen Anwesens mehr als eine einfache, stinklangweilige Wiese zur Begrünung einer Tiefgarage.

Schloss Elmau

die große Landschaft am
Fuß des Wettersteins

Schloss Elmau liegt inmitten eines traumhaften See- und Bergpanoramas. Diese mächtige, naturgeschützte Landschaft setzt eigenwillige Maßstäbe an Strukturen, Formen, Materialien und Gehölze. Mit Baum- und Strauchgruppen, sorgfältig ausgesucht für 1000 Meter Höhe, und über großzügige Holzterrassen kann nur versucht werden, den Zauber der Landschaft wieder an die Gebäude heranzuführen. Ein 24 Meter langer, fünf Meter breiter und kniehoher Granit-Wassertisch geleitet die Gäste zum Empfang. Kinder planschen mit ihren Händen gefahrlos im Wasser. Sie bringen wellenförmige Unruhe in die sonst so glatte Oberfläche und greifen damit das Motiv der Buckelwiese und die Geschichte Elmaus spielerisch wieder auf.

die Zufahrtsallee aus Pyramiden-Hainbuchen

Ein langer Winter in 1000 Meter Höhe verwandelt die Landschaft mit einer weiß glitzernden Decke und dämpft alle Geräusche.

Schloss Elmau

Schloss Elmau wurde von 1914–1916 von dem damals renommierten, jedoch umstrittenen Schriftsteller, Philosophen und Theologen Dr. Johannes Müller mit großzügigster finanzieller Unterstützung von Elsa Gräfin Waldersee für seine Leser erbaut. Architekt war sein Schwager Carlo Sattler.

Zu den engsten Freunden und Gästen von Johannes Müller zählten damals nicht nur Prinz Max von Baden, sondern auch Adolf von Harnack, ein im Deutschland des 20. Jahrhunderts wirkungsmächtiger Intellektueller und Theologe.

Porträts aus dem Archiv des Schlosses Elmau.

Alles, nur nicht glatt und gewöhnlich. Wie unter einem Brennglas verdichtet sich an diesem wunderbaren Ort die deutsche Geschichte des 20. und 21. Jahrhunderts. Mit seinen Höhen und Tiefen, seinen ganzen bizarren Widersprüchlichkeiten. Erbaut wurde das denkmalgeschützte architektonische Juwel zwischen 1914 und 1916 durch den Schriftsteller, Theologen und Philosophen Dr. Johannes Müller. Architekt war sein Schwager Carlo Sattler, der Großvater von Christoph Sattler. Kultur, Natur und Gemeinschaft prägen seinerzeit den Geist Elmaus. Fortan suchen hier durch Weltkriegswirren verstörte Gemüter ebenso inneren Frieden und Freiheit wie renommierte Zeitgenossen, etwa Prinz Max von Baden oder Adolf von Harnack.

Das »Dritte Reich« wird für die »Freistätte persönlichen Lebens« zur Zeitenwende. Der Hausherr lässt sich nicht einreihen in den Gleichmarsch der Nationalsozialisten. Johannes Müller bleibt ein Freigeist, ein Querdenker und in seiner politischen Haltung widersprüchlich. Er verklärt Adolf Hitler, verurteilt aber öffentlich den Antisemitismus der Nazis. Das führt nicht nur zu massiven Restriktionen gegenüber seiner Person, sondern auch fast zur Beschlagnahmung Elmaus durch die SS. Müller kommt dem zuvor und verpachtet 1941 Schloss Elmau an die Wehrmacht als Fronterholungsheim.

1945 wird Johannes Müller, der wie seine Kinder kein Parteimitglied war, in einem Entnazifizierungsverfahren aufgrund seiner »Verherrlichung von Hitler in Wort und Schrift« als Hauptschuldiger verurteilt. Er sieht sich und sein Lebenswerk gescheitert und will sich nicht verteidigen. 1949 stirbt er mit 85 Jahren. Mit seinem Tod endet die Elmauer Bewegung. Die wechselvolle Geschichte von Schloss Elmau aber setzt sich fort. Es dient nachfolgend der US-Armee als Lazarett, beherbergt bis 1951 psychisch und physisch Kriegsversehrte, bis es ab 1951 vom bayerischen Staat gepachtet und treuhänderisch von den Müllerkindern Bernhard und Sieglinde sowie deren Mann Odoardo Mesirca geleitet und schließlich übernommen wird. Unter ihrer Ägide macht sich Schloss Elmau vor allem als Mekka der Kammermusik weltweit einen großen Namen und zählt zunehmend namhafte Persönlichkeiten wie Loriot oder Johannes Rau zu seinen Gästen.

1997 schlägt Dietmar Müller-Elmau, Enkel von Johannes Müller, ein neues Kapitel in der Geschichte von Schloss Elmau auf. Er übernimmt das Anwesen, renoviert Ausstattung und verändert die geistige Ausrichtung. »Freiheit vom Ich« ist Vergangenheit, »Freiheit für das Ich« die Gegenwart. Die Auseinandersetzung mit der unheilvoll verschränkten Geschichte zwischen Religion und Politik von Schloss Elmau wird dabei zu einem zentralen Thema im kulturellen Leben des Schlosses.

Die glatte, aber schillernde Oberfläche des Granit-Wassertisches reflektiert den Eingangsbereich des Schlosses wie ein Spiegel.

Der Großbrand 2005 markiert einen weiteren Wendepunkt in der Historie von Schloss Elmau. Zwei Flügel und zwei Drittel der Zimmer werden zerstört. Die grundlegende Erneuerung der Gebäude und Neubauten macht Schloss Elmau zu einer riesigen Baustelle mit einem unübersichtlichen Chaos. Wie kann es da gelingen, die durch Bauarbeiten aufgewühlte und verletzte Landschaft in eine harmonische Form zu bringen? Wie kann dem Garten seine Seele zurückgegeben werden? Wie soll den Ansprüchen aller beteiligter Personen entsprochen werden? Die Auflagen des Landratsamtes bezüglich des Natur- und Umweltschutzes sind hoch. Häufig gibt es Gegenwind, manchmal Ärger. »Dann lassen wir uns eben beschimpfen. Wir machen es trotzdem«, sage ich und arbeite weiter. Auch die Wünsche und Vorstellungen des Bauherrn wollen berücksichtigt sein. So soll ein großes Wasserbassin den Vorplatz beleben. Aber dieses Gestaltungselement birgt Gefahren: »Wenn 200 Kinder hier zu Besuch kommen und am Wasserbecken toben, ist die Gefahr zu groß, dass eines der Kinder unbeaufsichtigt ins Wasser fällt«, setze ich dagegen. Wir einigen uns auf den großen Wassertisch aus Granit, der die Gäste seither willkommen heißt. Es entstehen neue Terrassen aus Stein und Holz, Zufahrten mit Pyramiden-Hainbuchen, Böschungen, Treppen, Räume zum Verweilen und eine rekonstruierte Buckelwiese. 80 Jahre wird sie brauchen, bis sie in natürlicher Herrlichkeit blüht und gedeiht. Buchstäblich wie »Phönix aus der Asche« ist Schloss Elmau dagegen nach einem Jahr originalgetreu und in modernster Architektur durch Christoph Sattler wiederaufgebaut. Gleichzeitig zieht ein neuer Geist ins Schloss. Innovativ, individuell und intellektuell soll Elmau künftig sein. Dietmar Müller-Elmau will ein freies, fröhliches, unideologisches Haus mit einem ganzjährigen, hochkarätigen Kulturprogramm schaffen. Ich glaube, es ist ihm gelungen.

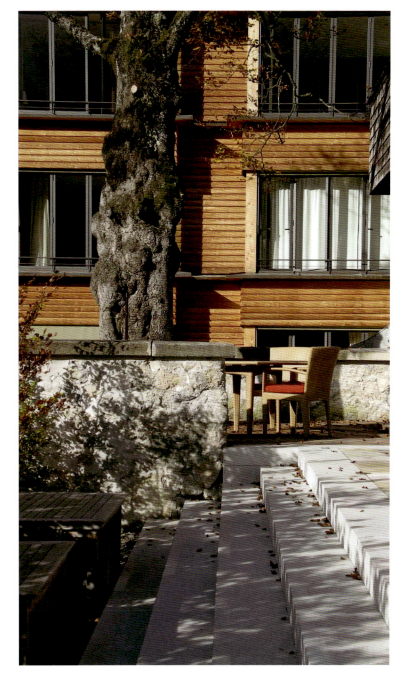

Der alte Baumbestand vor neuem Ambiente bringt das tief verwurzelte, aber gleichzeitig moderne Lebensgefühl zum Ausdruck.

Schloss Elmau

Im Zuge des Großbrandes 2005 zerstören das Feuer und Unmengen Löschwasser weite Teile des Schlosses.

Plan Schloss Elmau
Bepflanzung der Böschung
Innenhof und Haupteingang zum
Schlosshotel

Knapp zehn Jahre später wird Schloss Elmau wieder zur Baustelle. Das »Retreat« wird errichtet. Gegebenheiten ändern sich selten. Die Landschaft diktiert auch diesmal die Gestaltung, Umwelt- und Naturschutz setzen Grenzen und ich mache Sachen, die ich nicht machen darf. Optischer Mittelpunkt der neuen Anlage ist ein kreisförmiger Wassertisch mit fünf Meter Durchmesser und einer Kiefer in seiner Mitte. Terrassen und Wege passen sich der Gestaltung der übrigen Schlossanlage an. Die Harmonie zwischen Landschaft und Gebäuden wird gewahrt. Im März 2015 wird nach zweijähriger Bauzeit und Plänen von Christoph Sattler und Dietmar Müller-Elmau das Schloss Elmau »Retreat« eröffnet. Drei Monate später findet hier der G7-Gipfel mit den Staats- und Regierungschefs aus den USA, Kanada, Japan, Frankreich, Großbritannien, Italien und Deutschland statt.

Schloss Elmau steht heute für das Urbane in unberührter Natur und verbindet gestalterisch Tiefverwurzeltes mit neuen modernen Komponenten. Ich beobachte und begleite die Geschichte dieses Anwesens schon sehr lange und frage mich, wie seine wellenförmige Reise wohl weitergehen mag. Für mich persönlich ist dieser Ort immer verbunden mit einer Zeit intensiver Erfahrungen und der Erinnerung an die gute Zusammenarbeit mit Architekten, Technikern und Handwerkern als eine ganz wesentliche Gelingensbedingung.

Terrassen, Wege und Beete des neuen »Retreats« passen sich der Gestaltung der übrigen Schlossanlage an und fügen sich gut ins Gesamtbild ein.

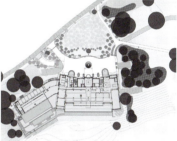

Plan zur Gestaltung des »Retreats«

Der Granit-Wassertisch misst 24 Meter Länge und fünf Meter Breite. Er geleitet die Gäste zum Empfang.

Bauherr	E.ON Energie AG, München
Architekt	Prof. Jürgen Adam, München
Gartenarchitektin	Adelheid Schönborn
Auftrag	Innenraumbegrünung in der Eingangshalle
Bildgröße	6 · 6 Meter
Bauzeit	2008
Fotografie	Thomas Lüttge, 2009

7

E.ON – Grünes Bild

Spaziergang 7
Brienner Straße, München
2008

Umrahmtes Grün

Wilder Wein an der Hausfassade. Ein Efeu im alten Mauerwerk. Sukkulenten an südlichen Felswänden. Draußen begegnen uns vertikale Pflanzenformationen tagtäglich. Aber drinnen? Gibt es vertikal wachsende Pflanzen auch für den Innenbereich, um beispielsweise Wände zu verschönern? Und ob. Als geschickter Kunstgriff für kreative Raumbegrünung bieten lebende Pflanzenbilder eine gute Alternative zu herkömmlichen Solitär-Grünpflanzen, wenn diese gestalterisch einen Raum nicht aufwerten. Wir entscheiden uns bei diesem Projekt für ein sechs mal sechs Meter großes Pflanzenbild, das mit seinem magischen Grün den Betrachter fasziniert und ganz nebenbei die Akustik und das Klima im Raum verbessert.

Magisches Grün
Kann eine Pflanze auch vertikal wachsen?
Ja, sie kann.
Lebende Pflanzenbilder werten
die Innenfassaden von Räumen auf.

Gut versorgt

Dass Pflanzen auch bildhaft wachsen können, erfordert einige Voraussetzungen und Erfahrungen. Welche Pflanze ist geeignet? Beispielsweise *Ficus pumila*, die Kletterfeige. Sie ist eine flache, moosartige Pflanze, die kurz gehalten werden muss. Damit sie im Rahmen gut gedeiht, ist eine spezielle Technik notwendig, die in einem eigenen Raum untergebracht ist. Die Wasser- und Nahrungsversorgung der Pflanzen erfolgt tröpfchenweise über ein wasserspeicherndes Kunststoffgewebe auf der Rückseite des Bildes. Ergänzend zum Tageslicht wird das Bild zusätzlich mit tageslichtartigen LED-Leuchten angestrahlt.

Brienner Hof

Spaziergang 8
Brienner Straße 12
München
2014–2015

Von Schlachten und Stadtpalästen
Kreativität und Krieg prägen die Geschichte dieser stillen Oase, inmitten der hektischen und lauten Münchner Innenstadt. Hier baut Anfang des 19. Jahrhunderts der Architekt Leo von Klenze ein repräsentatives Palais im Sinne der Florentiner Stadtpaläste. Nahezu zeitgleich kämpfen alliierte Truppen gegen Napoleon. Die siegreiche Schlacht bei La Rothière, in der Nähe von Brienne, fungiert als Namensgeber für den Stadtpalast und die angrenzende Pracht- und Hauptstraße. 200 Jahre später wird dieser ehemalige Stadtpalast mit samt seiner denkmalgeschützten Fassade in zwei Bauabschnitten restauriert und erstrahlt als »Brienner Hof« in neuem Glanze.

Bauherr	privat
Architekt	Boschmann + Feth Architekten GmbH, München
Gartenarchitektin	Adelheid Schönborn
Garten- und Landschaftsbau	Sammer GaLaBau, München
Steinlieferant	Max Balz GmbH & Co., Pappenheim, Altmühltal
Pflanzenlieferantin	Katharina von Ehren
	International Tree Broker GmbH, Hamburg
Wassertechnik	Artesia GmbH, Augustdorf
Lichttechnik	Gabriele Allendorf light identity GmbH, München
Fläche	500 m²
Bauzeit	2014–2015
Fotografie	Anna Schönborn, 2017

Brienner Hof

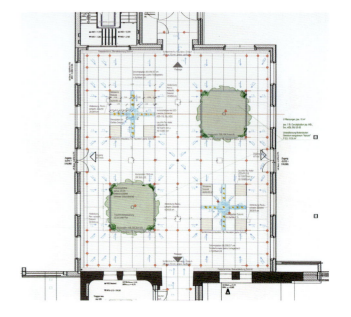

Plan für eine Innenstadt-Oase

Stille der Stadt

An der stark frequentierten Brienner Straße versteckt sich eine ruhige Oase für kleine Auszeiten. Es lohnt sich, hier innezuhalten und den Lärm der Großstadt gegen das leise Plätschern des Wasserspiels einzutauschen. Zwei Großbäume, *Cercidiphyllum japonicum*, spenden Schatten und bringen Frische in den Innenhof. Sie stammen beide aus Norddeutschland, wo sich seit Generationen eines der größten zusammenhängenden Baumschulgebiete der Welt konzentriert. Das milde Klima und die leicht zu bearbeitenden, steinarmen Böden begünstigen den Baumwuchs. Da ihr neuer Standort vollkommen unterbaut ist, gedeihen sie hier nur auf einem bepflanzten Erdhügel. Trotzdem bezaubern sie durch ihren malerischen Wuchs und ihr ganzjährig wechselndes Kleid, das im Herbst nach Zimt und Karamell duftet. Ihr Farbenspiel leuchtet über dem Steinteppich aus Pfraundorfer Dolomit, der mit Kreuzfuge verlegt ist. Die aus gleichem Material bestehenden Sitzwürfel bieten Gelegenheit, sich auszuruhen und abends das beleuchtete Wasserspiel zu beobachten. In stiller Achtsamkeit oder gemeinsam mit einem mir nahestehenden Menschen fühle ich mich in diesem beschaulichen, südländischen Flair sehr wohl und vergesse das nur wenig entfernte Großstadtgetöse.

Das Wasserspiel wird abends beleuchtet und vermittelt so das Gefühl, auf einer südlichen Piazza zu stehen.

Der neue repräsentative Innenhof besticht durch seine klaren Strukturen, die einen guten Kontrast zum wirren Treiben der Großstadt bieten.

Auszeichnung	Schönster Park Deutschlands 2004
Bauherr	Deutscher Sparkassen- und Giroverband e.V., Bonn
Architekt	Lindner Roettig Klasing & Partner, Düsseldorf
Gartenarchitektin	Adelheid Schönborn
Garten- und Landschaftsbau	Fa. Graupner, Berlin, und Fa. GLS, Frankfurt/Oder
Pflanzenlieferant	Fa. Lorenz von Ehren, Hamburg
Fläche	24 ha
Bauzeit	1998–2002
Fotografie	Toma Babovic, 2009 und 2013
	Thomas Reinke, 2003 (Heli Kamera)
	H. J. Horst, 2001
	Anna Schönborn, 2000

»*Mich haben immer Orte interessiert, die Geschichten erzählen können. Und diese für die heutige Nutzung in eine Form zu bringen, die schön ist, das hat mir sehr gefallen.*«
Adelheid Schönborn

9

Schloss Neuhardenberg

Spaziergang 9
Brandenburg, 60 km östlich von Berlin
1998–2002

Geschichte als Mikrokosmos
»Hier hat jeder Stein seine Geschichte.« Dieser Satz aus Johann Gottfried Seumes »Spaziergang nach Syrakus« drängt sich bei Schloss Neuhardenberg auf. Die Geschichten allerdings sind wesentlich gegenwärtiger. Sie erzählen von Napoleonischen Kriegen und klassischer Kameralistik. Sie beziehen sich auf die berühmten Stein-Hardenbergschen Reformen, die Preußen zu einem modernen Staat geformt haben. Sie verorten politische Bündnisse, wie den Widerstand gegen Hitler, oder – viele Jahre später in einem anderen Deutschland – die Gespräche zur Bildung einer demokratisch gewählten Regierung. Neuhardenberg ist ein Mikrokosmos, der die gesellschaftlichen und politischen Entwicklungen der letzten vier Jahrhunderte an einem Ort bündelt und deren Dunkelheiten ungeschönt erzählt. Wir staunen, sind verwundert, vielleicht auch ein wenig fassungslos über das, was uns Neuhardenberg offenbart. Aber, wir können daraus lernen und dazu beitragen, dass Neuhardenberg ein nun freudvoller Erzähl-Ort bleibt.

Schloss Neuhardenberg

Das Gestern im Heute

Wer heute »Schloss Neuhardenberg« über Google sucht, erhält 260.000 Ergebnisse. Das ist sehr viel für einen Ort, der in dieser Form eigentlich schon lange nicht mehr existieren sollte. Schloss Neuhardenberg könnte ein Gleichnis für die deutsche Geschichte sein. Eine historische Zeugenschaft all ihrer bizarren Brüche. Ihres Glanzes und ihrer Gloria ebenso wie ihrer tiefen Abgründe. Dreimal wechselt der Ort seinen Namen: Quilitz, Neu-Hardenberg, Marxwalde. In seinen guten Zeiten ist Schloss Neuhardenberg mit den Namen bedeutender preußischer Männer verbunden. Vor allem mit denen von Reformern wie Karl Freiherr vom Stein oder Karl August Fürst von Hardenberg, die das Land politisch

und gesellschaftlich erneuern. In seinen schlechten Jahren ist von seinem einstigen Glanz nicht mehr viel übrig. Diese beginnen 1944. Der damalige Standesherr Carl-Hans Graf von Hardenberg schließt sich den Verschwörern zum Attentat auf Hitler am 20. Juli 1944 an. Für deren konspirative Treffen stellt er den Schlosspark zur Verfügung, denn das weitläufige Gelände kann von der Gestapo nicht abgehört und die Vorbereitungen unbehelligt vorangetrieben werden. Nach dem Scheitern des Attentats enteignen ihn die Nationalsozialisten und inhaftieren ihn im KZ Sachsenhausen. Die Gefangenschaft überlebt er nur knapp. Er stirbt 1958 bei seinen westdeutschen Verwandten. Die Enteignung bleibt nach dem Krieg bestehen und ein neuer Zeitgeist zieht ein. Aus Neuhardenberg wird nun Marxwalde. Anstatt elegantem Schloss-Ensemble prägen jetzt Plattenbauten das Bild. Das Areal wird genutzt, aber nicht gepflegt und verkommt. Ein verlorenes Paradies, das sogar an seinem Ende angekommen zu sein scheint, – bis zu seiner Rettung. Heute wird es gerne als »Leuchtturm« Brandenburgs bezeichnet und dient politischen Entscheidungsträgern als inspirierender Denk-Ort und Kunst- und Kulturliebenden als renommierter Treffpunkt. Der große, visionäre Geist seiner Schöpfer und Gestalter ist wieder lebendig.

Park und Schloss Neuhardenberg

Schloss Neuhardenberg

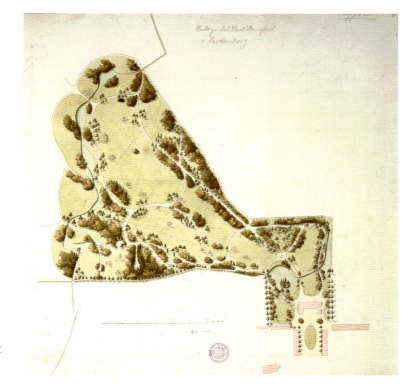

Ein kleines Missverständnis

Überall ist zu lesen, dass Fürst Pückler und Peter Joseph Lenné den Park angelegt hätten. Doch die Leistung Pücklers bestand wohl nur in einer Abholz-Aktion, um eine zentrale Sichtachse freizulegen, wie uns Fontane berichtet. Dann verlor der sprunghafte Geist offenbar die Lust an der schwiegerväterlichen Anlage.

Neuhardenberg
»Anlage des Staatskanzlers v. Hardenberg«
Peter Joseph Lenné
1821
SPSG, GK II (1) 3541

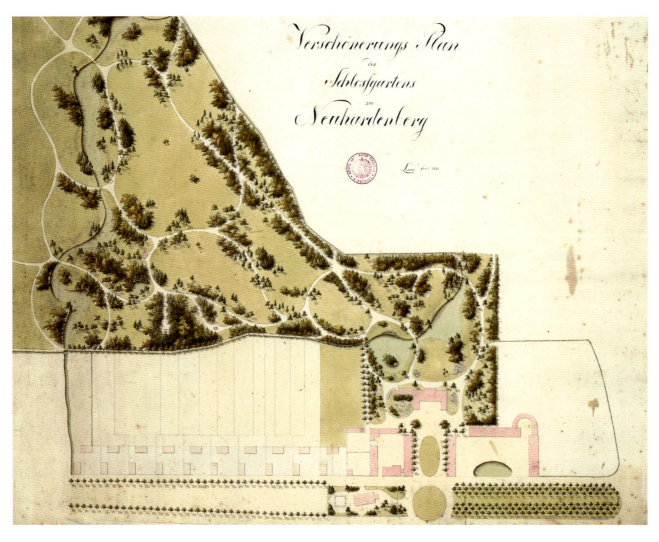

Neuhardenberg
Schlossgarten,
»Verschönerungs Plan«
Peter Joseph Lenné
1821
SPSG, GK II (1) 3541

Die Furchen der Geschichte von Schloss Neuhardenberg spiegeln sich überall in der großen Parkanlage wieder.

Neuhardenberg – ein Schlosspark moderner Reformer und visionärer Gestalter

Die Ursprünge der Schlossanlage gehen auf das ausgehende 17. Jahrhundert zurück. Noch heute ist der räumliche Umgriff eines barocken Quadrates (1710) auf der Parkseite deutlich zu erkennen. Die Geschichte von Schloss Neuhardenberg beginnt aber 1759 mit der Dotation des Guts durch Friedrich II. an Oberstleutnant von Prittwitz, der ihn in der Schlacht bei Kunersdorf vor der drohenden Gefangenschaft gerettet hat. Bereits vor 1800, als der Ort noch »Quilitz« heißt, legt der fortschrittlich gesinnte Friedrich Wilhelm Bernhard von Prittwitz einen landschaftlichen Park an. Von einem Wassergraben umgeben sieht das einstöckige, bereits dreiflügelige Barockgebäude samt seinen Nebengebäuden ländlich und bescheiden aus, obwohl Karl Friedrich Schinkel bereits in jungen Jahren plant und gestaltet. Erst der Staatskanzler Fürst Karl August von Hardenberg, der das Anwesen 1814 für seine Verdienste um die Reformen Preußens von König Friedrich Wilhelm III. geschenkt bekommt, hat Größeres vor. Er nennt nicht nur den Ort in »Neu-Hardenberg« um, sondern beauftragt den jungen Karl Friedrich Schinkel mit dem Umbau des Schlosses und dem Bau einer Kirche.

Das Schloss wird später als eines seiner besten Werke gelten. Der Reformkanzler Hardenberg hat hier nur repräsentiert, gelebt hat er im nahe gelegenen Tempelberg. Sein Herz aber ist in der Kirche in der Rückwand des Altars bestattet. Eng verwoben mit den baulichen Anlagen ist der knapp 20 Hektar große Landschaftspark des späten 18. Jahrhunderts, der einen bedeutenden künstlerischen Teil der Architektur darstellt. Überarbeitet wird er in den Jahren 1821–1823 von Peter Joseph Lenné, einem visionären Landschaftsgestalter, dessen Schaffen auch als wegweisend für die zeitgenössische Landschaftsarchitektur gilt. Ebenso gehört der vorgelagerte Dorfanger mit der Schinkel'schen Kirche zum Grundgedanken der »Dorfverschönerung« jener Zeit.

Der ästhetische Reiz der gemäldehaft aneinandergefügten räumlichen Zusammenhänge durch das geniale Gesamtkunstwerk von Schinkel und Lenné macht einen Besuch in dem wiedergewonnenen Paradies von Neuhardenberg noch heute zum besonderen Erlebnis. Selten ist die Einheit von Architektur und Landschaft so gelungen.

Schloss Neuhardenberg

Luftbilder
Park und Schloss Neuhardenberg nach der Sanierung
Fotos: *Stiftung Schloss Neuhardenberg*

Lässt sich Geschichte auslöschen?
　Ideologien verklären und (können) vernichten. Das ist heute nicht anders als vor 70 Jahren. In der Sowjetischen Besatzungszone werden Schlossherren und Grundbesitzer stigmatisiert und enteignet. Viele deportiert. Schlösser und Adelshäuser werden umfunktioniert in Waisenhäuser, Kindergärten, Urlaubsheime, Kuhställe, Getreidespeicher, Trinkerheilanstalten oder Zuchthäuser. Sofern sie nicht gleich abgerissen werden. In Marxwalde, wie Neuhardenberg jetzt heißt, entsteht auf der kunstvoll entworfenen Parkanlage Lennés eine kleine Plattenbausiedlung mit Schule. Das Schloss wird zum Kinderheim, die Orangerie eine Turnhalle, Nebengebäude verfallen als Deponien. Park, Gärten und Friedhof werden vernachlässigt und verwildern. Und das, obwohl der erste Fürst Initiator der Bauernbefreiung war und einer der Nachkommen im Widerstand gegen Hitler eine bedeutende Rolle spielte. Als dieser 1958 bei seinen westdeutschen Verwandten stirbt, darf er nicht einmal als Toter zurückkehren. Die Asche eines alten Junkers hätte hier keinen Platz.

Luftbild von
Park und Schloss Neuhardenberg
während der Sanierung 1999

Ein Wort zur Würde

Auch das Ehrenmal der russischen Gefallenen vor dem Schloss gehört zur Geschichte, es soll erhalten bleiben. Es ist allerdings lieblos ausgeführt worden und aktuell ungepflegt – bepflanzt mit Zwergzypressen. »Kommunistengrün«, wie wir es nennen, in dem allerlei Abfall liegt. Ich schreibe daraufhin dem russischen Botschafter, ob wir es neu gestalten dürfen. Er ist begeistert, denn diese Denkmäler seien alle sehr vernachlässigt. Doch dann ereifern sich Soldatenbund und Denkmalpflege und verlangen eine unveränderte Erhaltung. Wann wird Respekt zum Hindernis, zur Drohung des Ewiggestrigen? Wir setzen uns schließlich durch.

Die DDR-Schule im Bereich des Parkes wird wegen stark sinkender Schülerzahlen aufgegeben und abgerissen.

Plattenbauten aus der DDR-Zeit im Bereich des Schinkel'schen Ensembles müssen geräumt werden. Die Bewohner ziehen in für sie eigens neu gebaute Häuser im Zentrum des Ortes.

Die Sanierungsphase erfordert ein Maximum an Geduld. Der preußische Charme, verwoben mit der westdeutschen Hybris, haut mich um. Letztendlich geht es nur mit einem kühlen Kopf, gut durchdachter Planung, Abstimmung mit den Bauherren, sämtlichen Behörden und mit dem hilfreichen Zuspruch der Familie von Hardenberg.

Das Ehrenmal der russischen Gefallenen wird gegen den Willen von Soldatenbund und Denkmalpflegern neu gestaltet. Das Bild zeigt den Zustand vor der Sanierung 1998.

Schloss Neuhardenberg

Ort für Ruhe und neue Richtungen

Die Wiedergeburt von Schloss Neuhardenberg beginnt 1996 mit der Rückübertragung an die Grafen von Hardenberg. Die Familie aber verkauft das Gut 1997 an den Deutschen Sparkassen- und Giroverband mit dem Vorhaben, einen internationalen Kulturort zu schaffen. Unseren Auftrag verstehen wir dahingehend, verloren geglaubte, verwahrloste Höfe, Plätze und Gärten neu zu konzipieren, klassische Elemente neu zu interpretieren und der heutigen Nutzung zuzuführen. Die Originalpläne Lennés sind uns dabei eine grundlegende Orientierungshilfe. Auch aus historischer Treue, aber vor allem, weil er die besondere Form des Parks sehr geschickt zu nutzen verstand. Eine nicht nur auf dem Plan faszinierende Komposition eines englischen Gartens, von dem noch einiges zu erkennen ist, als unsere Arbeit beginnt. Zwischen 1997 und 2002 entsteht dann eine Anlage wie ein »Phönix aus der Asche«.

Zu den Sehenswürdigkeiten im Park zählen fortan neben zweihundertjährigen Eichen und Platanen (Naturdenkmale), Olivenbäume, Feigenbäume, Granatapfelbäume, Agaven, Orangen- und Kampferbäume sowie die Schlossanlage. Zudem der von Karl Friedrich Schinkel erbaute Eiskeller oder das Denkmal für Friedrich II. von Joseph Martini. Die Menschen Neuhardenbergs haben an dem Prozess der Instandsetzung regen Anteil genommen. Für sie sind der Schlosspark und die Gärten ein Ort der Identifikation, besonders durch den nach wie vor öffentlichen Charakter. Der Bauherr und die Gartendenkmalpflege haben vielfältig und wesentlich Beiträge zur Entwicklung der Region geleistet. Gerade am Projekt Neuhardenberg kann man die Vielschichtigkeit der gartendenkmalpflegerischen Anforderungen ablesen und den Stellenwert sensibler zeitgenössischer Interpretationen bewerten, denn die Gebäudeumgriffe müssen neu gestaltet werden, um den Nutzungsanforderungen einer neu gegründeten, internationalen Kulturstiftung Genüge zu tun. Schloss Neuhardenberg ist wieder ein Ort, an dem Kunst und Kultur ungebunden gelebt wird und politische Weichen gestellt werden. Denn in diesem neu erstandenen Park finden bereits 2003 und 2004 die Koalitions- und Regierungsgespräche von SPD und Bündnis 90/Die Grünen statt. Es werden nicht die letzten Gäste sein, die die Architektur und Atmosphäre Neuhardenbergs nutzen und schätzen, um in Ruhe zu denken und neue Richtungen auszuloten. Mein besonderer Dank gilt hier dem Obergärtner Uwe Klamandt, der den Park mit seinen Helfern vorbildlich pflegt und instand hält.

Denkmal für Friedrich II.
Joseph Martini

von links nach rechts:
Roswitha Landgraf, Frank Vollbehr, Andrea Schweiger,
Johanna Schönborn, Simon Collwill, Michael Forster, Adelheid Schönborn

Stiftung Schloss Neuhardenberg
Schlossensemble und Schinkel-Kirche

Blumen in den Farben des Regenbogens
Im Bereich der ehemaligen Gärtnerei ist im alten Mauergeviert der heutige Blumengarten entstanden. Die baufällige, fast ganz zerstörte Mauer des »Wallgarden« wird wiederaufgebaut, verputzt, weiß gestrichen und abgedeckt. Der Blumengarten dient als belebendes Element zwischen Park, Orangerie-Westausgang, Festsaal-Westausgang und Schinkel-Kirche. Besondere Tulpen und Narzissensorten im Frühling, regenbogenfarbig abgestufte Stauden und Gräser im Sommer und Herbst schmücken den Blumengarten bis in den Winter hinein, wenn sich der Raureif wie Zuckergruss darüberlegt.

40 Orangenbäume
Für die Neuanlage der Orangerie fehlten noch die passenden Pflanzen. Da trifft es sich gut, dass gerade zu dieser Zeit die Expo 2000 in Hannover endet und das gesamte Inventar versteigert wird. Darunter befinden sich auch gut ausgewachsene Orangenbäume. Ausgestattet mit einem Blankoscheck reisen wir zum Expo-Gelände. Allerdings kommt uns schon ein Bieter zuvor und hat uns einen Baum weggeschnappt. Dann herrscht erstmal abwartende Ruhe. Doch der Auktionator will weiterkommen. Wenn einer alle diese Bäume ersteigern würde, bekäme derjenige auch den Zuschlag. So kommt Neuhardenberg zum Aufrufpreis von je 1000 DM zu 40 wunderbaren Orangenbäumen, in großen Florentiner Terracotta-Töpfen. Die Orangenbäume fühlen sich im rauen Brandenburger Klima sichtlich wohl. Die erste Ernte kochen wir ein und verschenken Unmengen von Marmelade.

Revitalisierung
Ein Park lebt, er wandelt sich, ebenso wie seine Umwelt und die Gesellschaft. Nicht alles ist planbar, nicht alles entwickelt sich wie erwartet, Eingriffe im Detail wirken auf das Gesamtbild. Gerade ein Ort wie Neuhardenberg mit seiner langen Geschichte und seinen maßgeblichen Persönlichkeiten, aber auch mit seinen fundamentalen Veränderungen stellt eine außergewöhnliche Aufgabe dar. Welche Form der Rekonstruktion und Wiederbelebung ist die sinnvollste Lösung – für die Idee des Parks, für seine Nutzer, für die Gegenwart? Wie weit darf die Interpretation gehen? Ich denke, die große positive Resonanz, die der Park heute bei der Bevölkerung und den Besuchern findet, ist ein überzeugender Beweis, dass die Verbindung aus Klassik und – maßvoller – Aktualisierung hier gelungen ist. Der Park lebt. Mein großer Dank gehört deshalb auch Dr. Harri Günther, Potsdam, der mich mit seinem großen Sachverstand in der gesamten Phase der Instandsetzung von Neuhardenberg sehr unterstützt hat.

Blüten mit Geschichte
Bei allen gestalterischen Tätigkeiten hat die stimmige Einbettung in den historischen Rahmen des Anwesens eine besondere Bedeutung. Für den neu anzulegenden Rosengarten wählen wir deshalb ganz bewusst ausschließlich alte, teilweise fast verschwundene Sorten aus, die sich nicht nur durch Farben und Duft, sondern auch durch Widerstandsfähigkeit auszeichnen. Auf 200 Quadratmetern breitet sich nun ein vielfältiger Rosengarten mit historischen Rosen aus der Rosenliste von Charlottenhof aus, der schnell zu einem besonderen Anziehungspunkt in der Parklandschaft wird.

Aus den Briefen Pückler – Hardenberg

»Pücklers genaue Gestaltungsvorstellungen gehen aus den Briefen nicht hervor. Es ist aber anzunehmen, dass sein Schwiegervater, der Fürst von Hardenberg, ihm freie Hand gegeben hat, nach den Plänen von Lenné zu arbeiten.«
Adelheid Schönborn

1820
Pückler beschäftigt sich mit den Veröffentlichungen des englischen Landschaftsgartenkünstlers Humphrey Repton.

1821
Schrieb er an ihn (H. Repton) und bat um Rat, weil er in seinen Gartenanlagen (in Bad Muskau) viele Fehler gemacht habe und ohne Konsultation eines talentierten Menschen wohl nie das Ende seiner Projekte erreichen werde. Da H. Repton bereits 1818 verstorben war, kam stattdessen sein als Architekt arbeitender Sohn, John Adey Repton, am 10. Mai 1822 nach Muskau.

13. Mai 1822
Treffen zwischen Hardenberg, Repton und Lenné in Glienicke

9. Mai 1821
Brief Pückler an Lucie:
»… Ich machte mich also, nach dem ich wohl ausgeschlafen hatte, am nächsten Morgen wieder auf den Weg, und kam abends um 6 Uhr hier an, wo ich außer der Reisegesellschaft des Fürsten, Mamsell Hähnel mit ihrem Bräutigam, dem Herren von Kimsky, antraf. Von allen wurde ich freundlich empfangen. Nach einer Promenade im Garten musste ich zu Mittag essen; wobei mir der Fürst, Mamsell Hähnel, Schöll und Hellwig Gesellschaft leisteten, und einige Bouteillen Champagner ausgeleert wurden.«

26. Mai 1821
Brief Hardenberg an Pückler:
»… Ich sehe Dich in Gedanken mitten in Deinen Schöpfungen. Hoffentlich ist der Herbst auch bei uns schön, wie er es im Norden für gewöhnlich zu sein pflegt. Das wird auch für die Neuhardenbergschen Pflanzungen vortheilhaft sein, so wie für den Bau … !«

3. August 1821
Pückler an Lucie:
»Der 3. Juni ist die Trauung der Mamsell Hähnel in Neuhardenberg. Ich habe mich dazu eingeladen, und der Papa hat es sehr gut aufgenommen. Mit der Hähnel habe ich aber abgeredet, dass Du auch mitkommen, und ihn überraschen sollst (franz. weil Sie Ihre Aussöhnung wünscht), und wenn ich nicht irre, wird Papa selbst dazu geneigt sein.«

24. September 1821
Pückler in Neuhardenberg
25. April 1822
Mit Lucie, Pückler und Repton nach Neuhardenberg
3. Mai 1822
Lucie, Pückler wieder zurück nach Berlin
8. Mai 1822
Repton nach Berlin zurück
10. Mai 1822
Lenné und Repton nach Glienicke

Brief Pückler an Lucie:
»Dass ich durch Reptons schuld an der Hardenberger Anlage sei, die deines Vaters Juwelen verzehren, darfst Du mir nicht vorwerfen, da ich den Brief noch habe, worin Du verlangst, dass ich ihn nach Hardenberg bringen soll. Tröste dich darüber – denn Du hättest sie doch nicht bekommen, und anders wie auf dem Wege des Prozesses erwartet Dich gewiss keine Erbschaft von Deinem Vater.«
»Hardenberg wird übrigens nun ganz nach meinen Plänen angegeben und von Vernal (Gärtner in Bad Muskau, den Pückler zur Umgestaltung nach Hardenberg brachte) ganz vorzüglich ausgeführt. – Vernal geht nach dem Tod des Fürsten nach Muskau zurück – (Rehder ist in der technischen Ausführung nicht mit Ihm zu vergleichen) so schön, dass Du erstaunen wirst, wenn Du es wiedersiehst. In mancher Hinsicht wird es schöner wie Muskau. Am 18. Mai reise ich nun hier ab.«

12. Mai 1822
Pückler mittags in Glienicke
22. Mai 1822
Repton, Abschied in Neuhardenberg
23. Mai 1822
Fürst Hardenberg in Neuhardenberg; Wiesen Entwässerung
in Neuhardenberg mit Neubarth besprochen
28. Mai 1822
Schinkel fort, Pückler angekommen
8. Juni 1822
5.30 Uhr mit Kimskys und Pückler nach Neuhardenberg,
um 11.00 Uhr angekommen

Brief Pückler an Lucie:
»Erschrick also weder über den Maler, noch über den Bildhauer
Der erste ist nur zum Planmachen für Schinkel notwendig. Der
zweite erlöst die Statuen, die unfehlbar zu Grunde gehen, wenn sie
noch länger eingepackt bleiben. Das sie jetzt zusammengesetzt
und in die Zimmer umher placiert werden, hindert ja nicht im Geringsten, sie, wenn das neue Prachtorangeriehaus fertig ist (zu
dem ich viel Glück und Geld wünsche, und das mir sehr wohl vor
der Hand als chateau en Espangne gefällt, dort aufzustellen.
Wir wollen nur schon jetzt diese schönen Kunstwerke, die uns
schweres Geld kosten, genießen, und nicht ungebraucht verstocken und vermodern lassen.«

Brief Pückler an Lucie:
»Beste Schnucke,
seit heute bin ich in Neu-Hardenberg, wo mich Dein guter, lieber
Vater, den ich wie Du weißt, noch in Glienicke vermuthete, so
gütig und herzlich, wie seinen eigenen Sohn empfangen hat. Er ist
wohl und heiter, und hat sich unserer Wünsche so emsig angenommen, dass Klüber bereits auf Abreise ist die nur noch durch
ein fehlendes Aktenstück verzögert wurde.
(…) Die Anlagen gehen ihren Gang unter meiner und Vernal's
Leitung rasch vorwärts, und ich glaube, der Park wird bald fertig
sein. Nicht so das Haus zu dem Schinkel einen neuen sehr schönen
Plan gemacht hat, der auf 10.000 Thaler angeschlagen ist, aber
wohl nicht dafür ausgeführt werden wird.«

30. Juni 1822
Brief Pückler an Lucie (aus Glienicke):
»… In Neu- Hardenberg habe ich wenigstens noch 800 Bäume
wegnehmen lassen, und nun erst bietet der Park das Bild einer
Landschaft dar, und es könnte ohne Schaden noch weit mehr weggenommen werden.«

13. Juli 1822
Mit Pückler und Schinkel nach Neuhardenberg
12. September 1822
Mit Kimskys und Pückler nach Neuhardenberg

Brief Pückler an Lucie:
»Was ich zu Neu-Hardenberg verbaue, geschieht durch den Verkauf unnützer, keine Zinsen tragender Brillanten, wie ich Dir im
Vertrauen sagen kann.«

Oktober 1822
Brief Pückler an Hardenberg:
»… In Hardenberg ist das Rasenlegen größtentheils beendet, auch
die nahen Wege gemacht, und man wird nun bald mit der Pflanzung beginnen, doch braucht man sich nicht zu übereilen, da im
Ganzen nur sehr wenig zu pflanzen ist, und wir den ganzen Winter
und Frühling dazu vor uns haben. Der Rasen soll ganz vorzüglich
aussehen, und den hiesigen weit übertreffen an Dichtigkeit wie an
Frische.«

Bauherr	Bundesrepublik Deutschland vertreten durch die Bundesbaugesellschaft mbH, Berlin
Architekt	Stephan Braunfels
Gartenarchitekten	Adelheid Schönborn mit Frank Vollbehr
Pflanzenlieferung	Fa. Lorenz von Ehren, Hamburg
Bauzeit	2000–2001
Fotografie	AGS, Frank Vollbehr, 2004–2005

10

Deutscher Bundestag Berlin

Spaziergang 10
Konrad-Adenauer-Straße 1, Berlin
2000–2001

Das zerrissene Band

Ist diese Einheit vollendet? Gut 50 Jahre nachdem die einst prächtigen Villen des Alsenviertels in Schutt und Asche lagen und Hitlers Welthauptstadt »Germania« ein Größenwahn blieb, erfolgt der Spatenstich für den Parlamentsneubau in Berlin, eingebettet in ein eigenes architektonisches Gesamtkonzept: Das »Band des Bundes«, das am Bundeskanzleramt beginnt und am Bahnhof Friedrichstraße enden wird, soll West- und Ost-Berlin über die Spree hinweg miteinander verzahnen. Eine leicht verständliche städtebauliche Lesart für die Hauptstadt des wiedervereinten Deutschlands. Bis heute aber bleibt das Band zerrissen. Mittendrin, am vorgesehenen »Bürgerforum«, gähnt eine große Baulücke mit provisorischer Straße. Das »Band des Bundes«, ein Symbol der Einheit im Regierungsviertel, bleibt unvollendet. Welch ein Sinnbild.

Deutscher Bundestag

Einsichten und Aussichten

Dem Architekten Stephan Braunfels gelingt jedoch ein Stück Vollendung. Seine geniale Hochbrücke verbindet das Marie-Elisabeth-Lüders-Haus am östlichen Spreeufer mit dem auf der westlichen Seite gelegenen Paul-Löbe-Haus. Den Übergang nutzen vor allem Abgeordnete und Mitarbeiter, weshalb die eigentlich namenlose Brücke salopp als »höhere Beamtenlaufbahn« bezeichnet wird. Wer hier oben steht, genießt eine faszinierende Aussicht über das gesamte Regierungsviertel und ein freies Berlin – ohne Mauer, Todesstreifen und Grenzsoldaten. Der unversperrte Blick – als gestalterisches Prinzip – setzt sich in der Architektur des Paul-Löbe-Hauses fort. Die 200 Meter langen und 23 Meter hohen Seitenfassaden sind mit viel Glas offen verbaut und setzen durch Transparenz eigene Akzente. Die zwischen den Seitenflügeln liegenden quadratischen Lichthöfe werden um 3,20 Meter abgesenkt. Von der Konrad-Adenauer-Straße aus haben die Bürger von außen eine gute Einsicht in die Arbeit ihrer Parlamentarier, die wiederum über beste Aussichten auf den Alltag ihres Souveräns verfügen.

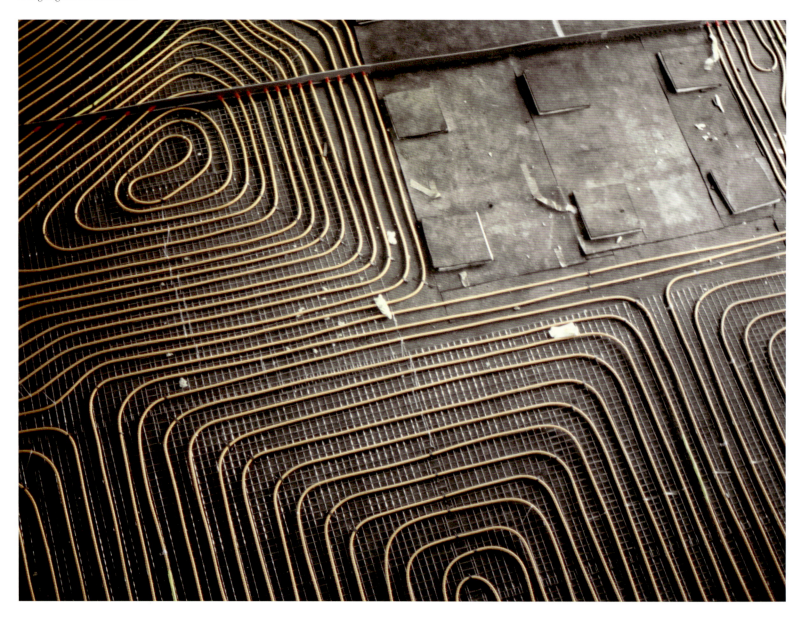

Eine Bewässerungsanlage unter dem Buchsteppich versorgt die Pflanzen durch eine geregelte Wasserzufuhr.

Kunst und Landschaftsarchitektur
Oft sind solche abgesenkten Lichthöfe eher triste Zweckräume. Hier aber nutzen wir sie für einen konstruktiven Dialog zwischen bildender Kunst und Landschaftsarchitektur. Im Rahmen des »Kunst-am-Bau«-Programms, das es Künstlern ermöglicht, mit ihren Werken die Arbeit der Politiker zu begleiten und zu interpretieren, kooperieren wir mit fünf Künstlern und freuen uns über ein außergewöhnlich kreatives Gemeinschaftswerk. Spielerisch einbezogen in die Pflanzengestaltung aus *Taxus*-Formgehölzen entdeckt der Betrachter etwa zwei Teflon-Skulpturen des Künstlerduos *Twin Gabriel* (*Else Gabriel* und *Ulf Wrede*). Sie zeigen erst im Schattenwurf die erkennbaren Profile des Dichters Johann Wolfgang von Goethe und das eines Schäferhundes als »Deutscher 1« und »Deutscher 2«. *Jörg Herolds* Installation »Lichtschleife mit Datumsgrenze« zeigt dagegen runde, in den Boden eingelassene Betonscheiben, die sich filigran über den auf Bodenhöhe zurückgeschnittenen Buchsbaumteppich legen. Jede Scheibe trägt ein historisches Datum, das erst durch Sonneneinstrahlung in Szene gesetzt wird. *Franka Hörnschemeyer* hat mit ihrem bekannten Werk »BDF – bündig fluchtend dicht« eine Installation aus gitterartigen Schalelementen geschaffen, welches das Bild des gestalteten Heckenlabyrinths aufgreift und neu formuliert. *Till Exit* konstruiert den Lichthof mit vier Würfelelementen, die unregelmäßig, aber rechtwinklig auf der Fläche verteilt werden. Die aus geschliffenem Plexiglas bestehenden, halbtransparenten Würfel haben eine Kantenlänge von 2,40 Meter und fügen sich in die mit *Taxus*-Kuben bepflanzte Grünfläche surreal ein. »Kopf mit tiefenräumlichen Flächen I« nennt schließlich *Joannis Avramidis* seine kubische Kopfskulptur, die in dem quadratischen Lichthof ein charmantes Arrangement mit den geometrisch geschnittenen *Buxus*-Hecken eingeht.

rechte Seite oben:
Die Beleuchtung der aus Plexiglas bestehenden Kuben des Künstlers *Till Exit* variiert und verändert das Gesamtbild.

rechte Seite Mitte:
Die »Lichtschleife mit Datumsgrenze« von *Jörg Herold*: jede Scheibe im grünen Teppich trägt ein Datum aus der deutschen Geschichte. Täglich setzt ein durch Spiegelreflexion erzeugter Spot ein anderes Ereignis in Szene.

Der Buchsteppich im flächigen Raum wird von einer Bewässerungsanlage unter dem Buchsteppich mit Wasser und Nährstoffen versorgt.

Deutscher Bundestag

Taxus-Skulpturen in Kies

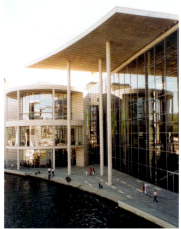

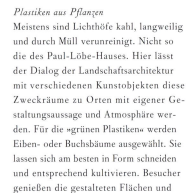

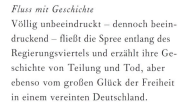

Plastiken aus Pflanzen
Meistens sind Lichthöfe kahl, langweilig und durch Müll verunreinigt. Nicht so die des Paul-Löbe-Hauses. Hier lässt der Dialog der Landschaftsarchitektur mit verschiedenen Kunstobjekten diese Zweckräume zu Orten mit eigener Gestaltungsaussage und Atmosphäre werden. Für die »grünen Plastiken« werden Eiben- oder Buchsbäume ausgewählt. Sie lassen sich am besten in Form schneiden und entsprechend kultivieren. Besucher genießen die gestalteten Flächen und schauen dabei gleichzeitig ihren Parlamentariern auf die Finger.

Spreeplatz
Der Spreeplatz liegt zwischen Paul-Löbe-Haus und Marie-Elisabeth-Lüders-Haus. Hier verlief bis 1989 die innerdeutsche Grenze entlang der Spree. Heute symbolisiert hier das »Band des Bundes« das wiedervereinigte Land. Das leichtfüßige 200 Meter lange Paul-Löbe-Haus ist ein prägendes Element dieses städtebaulichen Konzepts und eine Verbindung zum Reichstag.

Fluss mit Geschichte
Völlig unbeeindruckt – dennoch beeindruckend – fließt die Spree entlang des Regierungsviertels und erzählt ihre Geschichte von Teilung und Tod, aber ebenso vom großen Glück der Freiheit in einem vereinten Deutschland.

»*Deutscher 1*« und »*Deutscher 2*«
Das Künstlerpaar *Twin Gabriel* gestaltete diese zwei Rundumprofile aus Teflon, die im Schattenwurf die Profile von Johann Wolfgang von Goethe und das eines Schäferhundes zeigen. Mit dieser Gegenüberstellung hinterfragen *Else Gabriel*, geboren 1962 in Halberstadt und *Ulf Wrede*, geboren 1968 in Potsdam, den Umgang mit Vorbildern und Heroen.

Arkadien und seine Gärtner

Conrad Wiedemann

Prof. Conrad Wiedemann, 1937 geboren in Karlsbad (Böhmen), nach 1946 Flüchtlingskind in Franken, 1956 Abitur in Ansbach, danach Studium der Germanistik, Geschichte, Kunstgeschichte, zeitweise auch Sport in Erlangen. 1972–1976 Professor für Neuere deutsche Literatur in Frankfurt am Main, 1976–1989 in Gießen, 1989–2004 in Berlin, dazwischen Gastprofessuren in Göttingen, Wien und Jerusalem, 1987–1988 Fellow des Wissenschaftskollegs zu Berlin, 1993 Gründungsmitglied der BBAW (Berlin-Brandenburgischen Akademie der Wissenschaften), Initiator des Projekts »Berliner Klassik«, Mitherausgeber der Kritischen Karl-Philipp-Moritz-Ausgabe. Publikationen zu »Goethes Landschaft«, der »Klassizität des Urbanen«, dem »Geist der Urbanität« oder der »beginnenden Großstadtkultur«, Forschung unter anderem zu Berlin, Weimar und der Literatur- und Kulturgeschichte des 17. und 18. Jahrhunderts. Seit 1965 verheiratet und Vater einer Tochter.

»Mein alter Schulfreund aus dem Ansbach der 1960er Jahre. Wir haben uns trotz aller Widersprüche nie aus den Augen verloren und stetig gute Gespräche geführt. Ich habe ihm viel zu verdanken.«
Adelheid Schönborn

Meine Zusage an die Herausgeberin, ihr für ihr so persönliches Gartenbuch ein paar kulturkritische Gedanken zu »Arkadien« zu liefern, war an den Vorbehalt gebunden, mit einer Art Dementi beginnen zu dürfen. Es heißt: im klassischen Arkadien Theokrits und Vergils gab es keine Gärtner, weil der namensgebende Ort, eine ausschließlich von Viehhirten bewohnte Berggegend auf der Peloponnes, eben kein Garten, sondern eine mehr oder minder wildwüchsige Landschaft war. Das machte ihren poetischen Reiz und *à la longue* ihre historische Unterscheidungskraft aus.

Denn machen wir uns klar: Von den beiden großen Idealvorstellungen eines glücklichen Lebens im Stande der Natur, die uns aus der Antike überkommen sind, nämlich dem Paradiesmythos der hebräischen Bibel und dem Arkadienmythos der griechisch-römischen Poesie, war der erstere und ältere, also der biblisch-religiöse, genau das Gegenteil, nämlich ein Gartenkunstwerk höchsten Ranges: »gepflanzt« vom mosaischen Schöpfergott als Unterkunft des ersten Menschenpaares und ausgestattet mit einer Adresse (»Eden«), einem Bewässerungssystem (den vier Paradiesflüssen mit Euphrat und Tigris), einer Abgrenzung gegen die noch unfruchtbare Außenwelt, einem vegetarischen Nahrungssortiment und einem Klima, das die Nacktheit Adams und Evas erlaubte. Dieser Paradiesgarten ging bekanntlich verloren, weil der göttliche Gärtner ein Speiseverbot in seine Nahrungskette eingebaut hatte, an das sich das Menschenpaar nicht hielt und dafür auf ewig aus dem Garten vertrieben wurde. Menschliches Dasein hieß fortan harte körperliche Arbeit, begleitet von der Reue über den Sündenfall und der Hoffnung auf die Wiedergewinnung des verlorenen Paradieses (eine Gärtnervision).

Verglichen mit dieser herben Geschichte vom Wohlwollen und Zorn des biblischen Welt- und Menschenschöpfers wirkt der Arkadienmythos wie ein schönes Phantasieprodukt. Auch er ist, nicht anders als der Paradiesmythos, ein Schriftstellertraum, auch er handelt vom Glück des Menschen in der Natur und auch bei ihm spielt eine Gottheit mit, doch dies alles auf völlig andere, nämlich höchst diesseitige Weise. Was den von Theokrit und Vergil angerufenen Gott betrifft, so handelt es sich um Pan, der zwar einen anspruchsvollen Namen trägt, aber in der Gesellschaft der hohen Olympier nur eine Nebenrolle und eine Nebenfunktion erfüllt. Ist er doch – im provinziellen Arkadien geboren und in eine Faunsgestalt gebannt – der Gott der Hirten und Herden, über die er weniger herrscht als mit ihnen lebt. Auch was ihn mythologisch auszeichnet, nämlich seine erotische Promiskuität und seine Erfindung der Pansflöte, die er offensichtlich meisterhaft blies, reichten nicht aus, ihm und Arkadien im griechischen Mythen-Wirrwarr hohes Ansehen zu verschaffen. Auch andere antike Götter waren bekanntlich promisk oder gute Instrumentalisten.

Berühmt wurde Arkadien erst, als angesehene Dichter aus den hellenistischen Metropolen (Theokrit in Alexandria, Vergil in Rom) es zur idealen Gegenwelt ihres Großstadtverdrusses erklärten. Dabei gingen sie nicht von ihrer persönlichen Erfahrung (die es wohl nicht gab), sondern von der traditionellen Vorstellung aus, dass der Hirtenstand für seine geringe Geltung innerhalb der Bauernwelt reich entschädigt werde durch die Muße, die ihm seine Tätigkeit gewährt und eine ganz andere Lebensgestaltung ermöglicht als dem schuftenden Ackerbauern. Die aufkommende Hirtenlyrik (Bukolik) machte aus dieser relativen Wahrheit allerdings die Vision einer Lebensform, die wie keine andere von Frieden, Freiheit, Liebe und Poesie bestimmt war. Typische Probleme der urbanen und höfischen Welt wie den Unterschied des Standes, des Besitzes, der Macht oder des beruflichen Erfolges sucht man in den einschlägigen Gedichten denn auch vergebens. Natürlich gibt es auch in der Hirtenwelt Unterschiede, sie bleiben aber weitgehend beschränkt auf das individuelle Liebesglück und das musikalisch-poetische Können, das durch einen quasi spielerischen Dauerwettbewerb in Flötenspiel und Gesang vergegenwärtigt wird. Was im Übrigen die Liebe betrifft, so feierten die Bukoliker durchaus nicht die Lüsternheit des nymphenverfolgenden Pan, sondern die tragische Liebe und den Liebestod des Hirten Daphnis, von dem die Sage ging, er habe das Hirtenlied als Antidot gegen das Liebesleid erfunden. Guercino und Poussin haben zu Beginn des 17. Jahrhunderts seinen Sarkophag gemalt, umgeben von trauernden Hirten und mit der schwer zu deutenden Aufschrift *»Et in Arcadia ego«*. Aber damit sind wir schon weit vorausgeprellt.

Versucht man ein Zwischenfazit, dann erweist sich das antike Arkadien im Wesentlichen als die dichterische Fiktion eines gesellschaftlichen Ideals, demzufolge das anspruchslose und machtferne Hirtendasein das Höchstmaß eines freien Lebens im Zeichen von Eros und Musik darstellt. Die Kontrastfolie bildet (unausgeführt) die Tyrannis der großen Stadt, von der auch die Gefährdung der Idylle ausgeht (so bei Vergil). In der Soziologie dieser Idylle kommt, da die vorgefundene Natur alle Bedürfnisse deckt, bezeichnenderweise kein Gärtner vor. Das sollte sich anderthalb Jahrtausende später entschieden ändern.

Die Wiederentdeckung Arkadiens und damit der quasi unentfremdeten Freiheit des Schäferlebens begann in Europa um 1600. Die historische Konstellation, in der das geschah, ist allerdings kompliziert und kann hier nicht referiert werden. Es mag genügen, dass man sich die seit Philip Sidneys Roman »Arcadia« (1580) immer beliebter werdende Flucht in die Schäferrolle zunächst als eine Art kritisches Supplement des absolutistischen Denkens vorzustellen hat, bevor sie von der bürgerlichen Welt der Aufklärung im Sinn des Rousseauschen Vorwurfs der modernen Naturvergessenheit übernommen wird. Das Thema hatte offensichtlich kaum Anlaufschwierigkeiten. Der europäische Erfolg, den der Schweizer Salomon Gessner mit seinen schäferlichen »Idyllen« (1756) feierte, stand nicht weit hinter dem Erfolg von Goethes »Werther« (1774) zurück.

Wichtiger in unserem Zusammenhang ist freilich, dass sich mit der modernen Arkadien-Reminiszenz zuerst in England, dann (ab 1750) in ganz Europa die Idee und Praxis des Landschaftsgartens durchsetzte, was einer Revolution der Gartenkunst gleichkam. Machen wir uns klar: Vom Mittelalter über die Renaissance bis zum Barock verstand sich die Gärtnerei als Kunst der Nutzbarmachung und ästhetischen Widerlegung der kruden Natur im Sinne des biblischen Paradieses. Ob *Hortus conclusus*, Paradiesgärtlein, Kloster- und Kräutergarten, Belvedere oder Barockpark, – stets waren Maueranlagen, Bewässerungssysteme, Bepflanzungsprogramme, Geometrisierung und Schönheitsmoden im Spiel, die einzeln als Expertentum, insgesamt als Kunstwerk bewundert werden konnten und sollten. Mit dem Landschaftsgarten trat anstelle dieses Kampfes der Kultur gegen die freie Natur, der in den Geometrie-Orgien des Barockparks an seine Grenze gekommen war, zwar nicht das pure Gegenteil, doch zumindest die Versöhnung zwischen beiden – was wiederum erst voll verständlich wird, wenn man sich Rousseaus gleichzeitigen Lehrsatz vergegenwärtigt, dass Kulturbesessenheit und Naturvergessenheit auf unheilvolle Art Hand in Hand gehen. Dies vorausgesetzt, kam dem Landschaftsgarten eine denkwürdige Mittelstellung zwischen Aufklärung und Aufklärungskritik zu und gleichzeitig dem Gärtner ein Zuwachs an Verantwortung, der ihn im Grunde nur überfordern konnte. War er doch, wie schon angedeutet, vom Überwinder der freien Natur unversehens zu deren Freund, ja Retter mutiert, was, um mit Schiller zu sprechen, auf eine »sentimentalische« Einstellung zu ihr hinauslief, in der unsere eigene, christlich infizierte Naturferne mit der angeblich naiven Natürlichkeit der heidnischen Antike zusammenstieß. Nicht zufällig findet man im englischen Landschaftsgarten so oft das palladianische Landhaus (also antikisch geregelte Architektur) mit dem arkadisch ungeregelten Naturgarten kombiniert.

Der englische Landschaftsgarten mit all seinen eigenen und ausländischen Entwicklungsstufen bildet stets ein Hauptkapitel, nicht selten auch das entelechische Schlusskapitel der modernen Garten-Historik. Hauptpunkte dieser Rekonstruktionen sind das idealisierte Naturbild, die Regeln der scheinbaren Regellosigkeit und damit verbunden die absolute Inszeniertheit auch dieses Gartenkonzepts, aber auch die dauerhafte Anfälligkeit der Naturgärtner, ihre arkadische Landschaftsvision mit emblematischen, moralischen, politischen und vor allem bildungsgeschichtlichen Denkbildern und Denkbauten aufzumutzen, die aus dem Freiheitsparcours letztlich einen Unterhaltungs- und Lernparcours werden ließen. Goethe, der diesen Effekt in Wörlitz studieren konnte, war einer der ersten, der darin einen Verstoß gegen die Basisidee der Sache erkannte. In seinem satirischen Dramolett »Triumph der Empfindsamkeit« von 1777 lesen wir dazu:

Denn, Notabene! In einem Park
Muß alles Ideal sein,
Und, Salva Venia, jeden Quark
Wickeln wir in eine schöne Schal' ein.
So verstecken wir zum Exempel,
Einen Schweinstall hinter einem Tempel;
Und wieder ein Stall, versteht mich schon,
Wird geradewegs ein Pantheon.

Goethe, der in der Folge das ganze Sammelsurium naturgärtnerischer Schaustücke vom Wasserfall bis zur Moschee herunterrasselt, war 1777 längst mit dem Konzept seines eigenen Landschaftsgartens im Ilmtal beschäftigt. Erwartungsgemäß fiel dort, obwohl andere mitreden durften, das empfindsame Beiwerk sehr viel zurückhaltender aus (eine Felsentreppe und ein Borkenhäuschen für den Anfang, dazu Karl Augusts »Römisches Haus« 1792), was zur Folge hatte, dass man dort bis heute den m. E.s gelungensten deutschen Landschaftsgarten bewundern kann. An dieses Prinzip wiederum knüpfte, mit ähnlichem Erfolg, die Herausgeberin dieses Bandes an, als sie bei der Restauration des ehemaligen Lenné-Parks von Neuhardenberg nur ein einziges historisches Monument übernahm. 2004 gewann sie damit den Preis des schönsten deutschen Parks.

Goethe ist für meinen kleinen Essay aber auch in anderer Hinsicht von Belang. Wird bei ihm doch klar, dass der Landschaftsgarten, unabhängig von seinen modischen Einkleidungen, im Grunde einen religiösen Kern hat. Dahinter steht, wie bei ihm nicht anders zu erwarten, keine biblische Frömmigkeit und folglich auch kein Paradiesmythos, sondern eine pantheistische Schöpfungsfrömmigkeit im Sinne Spinozas und/oder des frühaufklärerischen Deismus. Dass Goethe sein Lebensprojekt der Selbstverwirklichung auf das alleinige Regulativ der Natur (und nicht etwa der Gesellschaft) aufgebaut und dafür ein umfängliches naturwissenschaftliches Studium in Gang gesetzt hat, ist einigermaßen bekannt. Eher zum Fachwissen gehört jedoch seine lebenslange Bewunderung für die arkadische Landschaftsmalerei Claude Lorrains. Sein eindringlichstes Zeugnis dafür ist der späte und dunkle Satz: »Im Lorrain erklärt die Natur sich ewig«, was ja nur bedeuten kann, dass seine Ideallandschaften und die pantheistische Schöpfungsordnung in eins fallen. Goethe selbst hat in seinen letzten Lebensjahren davon geträumt, nach seinem Tode wie der Zauberer Merlin in die Landschaft einzugehen und von dort, einer Weißdornhecke, als Naturweiser zu den Menschen zu sprechen.

Angesichts solcher Phantasien dürfen wohl auch die neuen Landschaftsgärtner als eine Art Natur- oder Weltpriester gelten, die sich zur Aufgabe gestellt haben, die zweidimensionalen Arkadienvisionen der Maler, die nur eine Elite erreichen, in die dreidimensionalen Entsprechungen für eine fußläufige Öffentlichkeit zu transformieren. Und dieser Mission bleiben sie treu. Verwandeln sie sich doch im Lauf des 19. Jahrhunderts gewissermaßen aus Naturpriestern zu Leutpriestern, indem sie ihre neuen Gartenkunstwerke aus der Welt der Residenzen und Landgüter in die großen Städte transferieren, wo sie allerdings lernen müssen, sehr unterschiedlichen räumlichen Bedingungen und sozialen Bedürfnissen gerecht zu werden. Diese jüngste Entwicklung der Gartenkunst, nennen wir sie die »Stadtpark-Epoche«, wird nur in wenigen Gartengeschichten abgehandelt, was ihrem Gewicht und ihrer Aktualität entschieden widerspricht.

Abhilfe aus dieser Notlage schafft ein 2017 erschienenes Werk über die Typologie der Berliner Volksparks und deren je eigene Geschichte (Hans Stimmann/Erik-Jan Ouwerkerk: Stadt. Volk. Park. Volkspark als Bühne städtischer Selbstinszenierung).

Da ein Referat dieses wunderbar geschriebenen und bebilderten Buchs den Rahmen meines Essays sprengen würde, seien nur zwei Schlussgedanken daraus gezogen. Was die Geburt des antiken Arkadiens betrifft, von der ich zu Beginn sprach, so schließt sich hier ein Kreis. Dort waren es die ersten Großstadtpoeten der Geschichte, die sich ein freies Liebes- und Kunstleben unter dem flötenspielenden Gott Pan und seiner Hirtenwelt imaginierten. Hier geht es darum, die alten Arkadienbilder einer freien Geselligkeit in den Großstädten selbst zu verwirklichen. Das tun die modernen Landschaftsgärtner in der nicht immer harmonischen Kooperation mit den Stadtplanern und sie tun es nicht für eine privilegierte Schicht, sondern für das Stadtvolk insgesamt.

Das Erstaunlichste an diesem Prozess ist die Rolle dieses Stadtvolks, das letztlich entscheidet, welches Arkadien (und ob überhaupt eines) in jedem Einzelfall entsteht. Über die interessanten und problematischen Fälle stehen normalerweise die Zeitungen voll, die glücklichen muss man in der Regel selbst finden und erfahren. In Berlin gibt es allerdings seit wenigen Jahren den Sonderfall eines durch Volksabstimmung in Besitz genommenen und quasi anarchisch genutzten Arkadiens. Gemeint ist das für eine Innenstadt riesige Areal des ehemaligen Berliner Zentralflughafens, das als Mischgebilde aus Beton, Savanne und Heckenlandschaft inzwischen den neutralen Namen »Tempelhofer Feld« trägt und durch die eifersüchtig verteidigte Hoheit des nichtvermarkteten Wohlgefallens zu einem Symbol der absoluten Freiheit geworden ist. Das wird mit Sicherheit nicht so bleiben. Unter allen Begehrlichkeiten, die das merkwürdige Gebilde umstellen, sollte die der Landschaftsgärtnerei die erste Rolle spielen. Sie hat am meisten Erfahrung mit der arkadischen Freiheit.

[1] »Und Gott der Herr pflanzte einen Garten in Eden gegen Osten hin und setzte den Menschen hinein, den er gemacht hatte.« *(1. Mose, 2,8) in der Übersetzung von Luther.*

11

Kreditanstalt für Wiederaufbau (KfW) Berlin

Spaziergang 11
Innenhöfe Charlottenstraße 33/33a, Berlin
1995–2001

Höfische Zeitzeugen

Ein Spaziergang, der uns in die weltweit einzigartigen Hoflandschaften Berlins führt. Sie sind die Herzen jener faszinierenden Stadtviertel, die sich innerhalb des S-Bahnringes fast flächendeckend erstrecken. Weltkriegs-Bombardements und Flächenabrisse der Nachkriegszeit haben ihnen schwer zugesetzt. Aber sensibel restauriert und instand gesetzt prägen sie prächtige Altbau-Ensembles der Gründerzeit und erzählen von einem boomenden Berlin des ausgehenden 19. Jahrhunderts. Zu dieser Zeit hat die Industrialisierung die Stadt fest im Griff. Fabriken entstehen, Kredite sind gefragt und die Berliner Handelsgesellschaft entwickelt sich zu einer der führenden Kapitalbanken Deutschlands. Ihr Direktor Carl Fürstenberg bekundet ehrfurchtsvoll: »Als erstes im Bankgeschäft lernt man den Respekt vor der Null«, und lässt ungeachtet dessen eines der prächtigsten Bankengebäude an den Gendarmenmarkt bauen.

Bauherr	Kreditanstalt für Wiederaufbau (KfW)
Architekten	ABB Architekten Scheid, Schmidt und Partner, Frankfurt am Main
Gartenarchitektin	Adelheid Schönborn
Steinlieferung	Max Balz GmbH & Co., Pappenheim
Pflanzenlieferung	Fa. Lorenz von Ehren, Hamburg
Fläche	ca. 2.500 m²
Bauzeit	1995–2001
Fotografie	Anna Schönborn Studio Kohlmeier Berlin

Innenhöfe KfW

Das Ensemble wurde 1897
durch den renommierten Architekten
Alfred Messel und seinen Schüler
Heinrich Schweitzer erbaut.
Die schwarzen Linien kennzeichnen
die Grundrisse der Altbaumauern.

statt Zaun oder
Hecke ein Wasserbecken
als Teilung zweier Höfe

Eine Steinbrücke aus Jura-Kalkstein
verbindet die Höfe.

Versteckte Innenhöfe am Gendarmenmarkt

Was für eine Adresse, das Karree der ehemaligen Berliner Handelsgesellschaft zwischen Gendarmenmarkt, Markgrafenstraße, Charlottenstraße und Behrenstraße. Nach Wiedervereinigung und Bankenfusion übernimmt die Kreditanstalt für Wiederaufbau (KfW) das architektonische Kleinod und lässt die historischen Gebäudeteile sanieren. Vollständig erhalten ist die frühere glasüberdeckte Kassenhalle mit Bildhauerarbeiten im Stil der Neorenaissance. Anstelle der kriegszerstörten Gebäudeteile entstehen Neubauten für Büroräume und Wohnen sowie erdgeschossige Läden. Sie sollen höchsten Ansprüchen genügen. Was aber wäre dieses Karree ohne begehbare Innenhöfe? Zu gestalten sind fünf versteckte Innenhöfe in unterschiedlichen Anmutungen, mit ganz verschiedenen Nutzungen und Charakteren. Wo ursprünglich ein Zaun zwei Höfe trennen sollte, ist jetzt ein Kanal in Form eines langgestreckten Wasserbeckens. Ein weiterer Hof ist nun ein Blumengarten – mit streng geometrischen Beeten. Ein Labyrinth aus Buchsbaum prägt den dritten Hof und ein frei gestalteter Pocket Garden mit einem Hain aus Felsenbirnen akzentuiert den vierten. Und schließlich entsteht ein steinerner Galeriehof, der nur durch einen Brunnen und mit Baumen bepflanzte Terrakotta-Gefäße gestaltet wird.

Innenhöfe KfW

Damit die Pflanze mit Wasser versorgt wird, aber kein Flüssigkeitsstau entsteht, werden maßgenaue Platten auf Splitt verlegt.

Schirmförmig geschnittene Felsenbirnen stehen auf einer Tiefgarage. Sie bilden einen kleinen Hain, der rechts und links des Wasserbeckens etwas Schatten spendet.

Präzision mit Augenmaß
Das Karree zwischen Charlottenstraße, Behrenstraße, Markgrafenstraße und Gendarmenmarkt besteht aus einer Mischung aus Alt- und Neubauten. Aber vor allem auch aus wunderschönen Innenhöfen, die teilweise der Öffentlichkeit zugänglich sind. Ihre Gestaltung und die Umsetzung der Stein- und Pflanzenarbeiten nach genauen Detailplänen stellen die größten Herausforderungen dar. Es kommt darauf an, die maßgenauen Platten auf Splitt zu verlegen und die exakten Fugen millimetergenau anzupassen. Ohne Augenmaß, leidenschaftliche Präzision und handwerkliches Können ist eine derartige Aufgabe nicht zu meistern. Vielleicht hat aber auch der göttliche Funke seine Hand im Spiel und somit die Aufgaben wohlwollend begleitet und unterstützt.

Unterschiedliche Ebenen
Unter dem langgestreckten Wasserbecken und einem kleinen Hain aus mehrstämmigen Felsenbirnen befindet sich eine Tiefgarage. Um die Höhenunterschiede auszugleichen, sind Treppenstufen aus Jura-Kalkstein passgenau angefertigt worden und fügen sich gut ins Bild. Durch wenige, aber ausdrucksstarke landschaftsarchitektonische Gesten werden den Innenhöfen Ruhe und Ordnung verliehen.

Entschleunigung durch Minimalismus
Gefragt ist eine Gartenarchitektur von höchstem Rang, bei der Form, Funktion, Pflanze und Stimmung maßgeschneidert auf den jeweiligen Ort anzupassen sind. Die Auswahl der wenigen Gestaltungselemente und Pflanzenarten erfolgt deshalb sehr sorgsam. Die ein mal ein Meter großen Sitzwürfel aus Jura-Kalkstein etwa haben die Höhe eines Stuhls. Inmitten der kleinen Stauden-Karrees vermitteln sie das Gefühl der Entschleunigung und laden ein zum Verweilen oder zum entspannten Austausch. Mit diesem durchgängig genutzten Minimalismus als Gestaltungsprinzip entstehen Oasen, die als Paralleluniversum zum hektischen und lauten Treiben der Hauptstadt wirksam werden.

Kunst durch Licht
In einem begrünten und gestalteten Innenhof darf eine eindrucksvolle Illuminierung nicht fehlen. Sorgfältig sind die Bodeneinbauleuchten bodenbündig gefasst und setzen mit ihren Strahlern das Ensemble ins rechte Licht. Dazu können die Leuchtmittel so eingestellt werden, dass ausgewählte Objekte angestrahlt und fast magisch in Szene gesetzt werden.

131

Innenhöfe KfW

Belebendes Wasserbecken
Als wichtiges Element bereichert Wasser jede Innenhofgestaltung. Wir entscheiden uns für einen langen Kanal in Form eines Wasserbeckens, das gleichzeitig zwei Höfe voneinander abgrenzt.

Überschaubares Labyrinth
In dem kniehohen Labyrinth aus vielen Buchsbäumchen findet man einen Eingang und einen Ausgang und ist stets gut behütet von einem Tulpenbaum.

Gute Balance
Ein Wasserbecken, ein Labyrinth aus Buchsbaum,
ein kleiner Hain aus mehrstämmigen Felsenbirnen.
Mit diesen und wenigen weiteren Gestaltungselementen
gelingt es uns, die Innenhöfe durch eine gute
Balance zwischen repräsentativem Anspruch und
kontemplativer Atmosphäre zu beleben.

Für Adelheid

von Rudolf zur Lippe

»Abgesehen von einer langen Freundschaft fasziniert mich der Philosoph ›nicht in der Tonne‹, sondern im wahren Leben. Wie oft stand er allen Freunden ratend und befreiend bei.«
Adelheid Schönborn

Prof. Dr. Rudolf Prinz zur Lippe, 1937 geboren in Berlin, Studium der Rechts-, Staats- und Wirtschaftswissenschaften in Bonn und Göttingen sowie Mittlere und Neuere Geschichte in Heidelberg und Paris. 1965 Promotion, 1973 Habilitation, Schüler/Lehre/Studien bei Karlfried Graf Dürckheim, Raymond Gèrome und Theodor W. Adorno. Seit 1974 Inhaber des Lehrstuhls für Ästhetik an der Universität Oldenburg. Arbeit als Übersetzer, Lektor, außerdem als Theaterregisseur und Bühnenbildner. Herausgeber der Zeitschrift POIESIS. Daneben Tätigkeiten als Künstler und Kurator: Übungen und Ausstellungen in der gestischen Malerei mit der Berliner Werkstattgalerie, auch zwischen Reykjavik, Island und Fès, Marokko.

Adelheid Schönborns Denken kreist um den Begriff der *Schönheit*, ihre Arbeit bewegt Räume zwischen Wohnungen der Menschen und Gegenwart von Natur. Gärten. Gärten rufen Elemente und Ereignisse der Natur auf, Kraftlinien menschlicher Bewegungen, um Wahrnehmungen und Gefühle zu gestalten. Soweit ist alles kulturelle Veranstaltung, aber auch naturhaftes Geschehen zugleich. Wie finden diese beiden, zunächst einander entgegengesetzten Prinzipien zusammen in der Wirklichkeit eines Parks oder eines kleinen Hofes? Sie sagt einfach: *in Schönheit*.

Wie müssen, wie können, ja, wie dürfen wir dann diese endlos bemühte, beschworene, verheizte, missbrauchte Idee begreifen, um zu verstehen, was sie so meint und was wir ja auch spüren, weil es uns in seinen Wirkungen bewegt?

Wie Baumgruppen zueinander stehen und zu einer gewissen Weite zwischen ihnen. Wie ein Baum zum einmaligen Gegenüber wird. Wie Gebüsche, daneben geduckt, kompakt, dahin sich steigernd, in Entfernungen zerfliessend die weitere Atmosphäre zwischen dem Hohen und den Flächen bewegen. Wie die Farben und die Formen der Blätter miteinander wechseln und aufeinander antworten, ebenso wie die Silhouetten der Gehölze. Wie Wege und Stege diese Beziehungen durch die Richtungen deuten, die sie unseren Schritten geben. Wie das Wasser von Seen oder Teichen mit dem Gefühl für den Horizont in Resonanz tritt, das sie in unserem Innern wecken, bis vielleicht sogar unsere Arme, dem entgegen sich ausbreiten wollen. Wie Wasserläufe unsere Sinne an die Läufe und Kreisläufe unseres Leibes erinnern und die Augen in ihr Spiel mitnehmen. Wie Blühendes und seine Farben ihre eigenen Linien in dieses vielgestaltige Miteinander senden und ihm ihre überraschenden Verbindungen einbeziehen. Wie die glatten Formen von Steinen und Platten dem Überschwung Halt geben und ein trockener Baumstamm all dem gegenüber zum Einhalten einlädt. Jeder Schritt in den Garten, jeder Gang hilft uns, diese Eindrücke

> *»Jeder Schritt in den Garten, jeder Gang hilft uns, diese Eindrücke uns tiefer und heiterer ausprägen zu lassen und zu entdecken, nach anderen zu fragen.«*

uns tiefer und heiterer ausprägen zu lassen und zu entdecken, nach anderen zu fragen. Wie unsere Blicke in Weiten entführt und für deren Schwingungen geöffnet werden oder auf eine Pflanze zu unseren Füßen gerichtet deren Blätter nachzeichnen.

Wer an Gärten arbeitet oder erstmals sie entwirft, hebt derartige Wirkungen, die auch in der Natur von sich aus vorkommen, eigens hervor oder drängt sie behutsam zurück. Anders als Natur setzt er ihnen aber auf verschiedene Weise eine Manifestation menschlicher Abstraktion entgegen, die gerade Linie. In Japan muss man vor allem von dem Schnitt sprechen, der unmittelbar oder in übertragenem Sinne die Zenkünste auszeichnet. Am auffallendsten sind Alleen, Wege, Hecken. Vermittelt durch den Wechsel der Materialität und oft einer räumlichen Distanz ist es ebenso alles Architektonische. Dadurch und durch die Stärke des Nachdrucks, mit dem alle diese Gesten eingreifen und umgesetzt werden, verfolgt die Gestalterin eines Gartens ihre Vorstellungen. Diese sind dabei wohl doch stärker noch von ihrem »Material« bestimmt als in der Malerei oder der Bildhauerei. Ohnehin geschieht dies dadurch, dass Formen und Proportionen sich im Wachsen verändern, sodass ursprüngliche Gestalten entweder wiederhergestellt oder aber die Veränderungen aufgegriffen und in neuen Richtungen ausgeglichen werden. Vielmehr formen sich schon diese Gestaltungen im Erleben der je besonderen Weisen, nach denen Pflanzen wachsen, und aus der Erfahrung ihrer Eigenarten. Sicher haben die Härte und die Farbe und die Adern eines Steins ähnliche Bedeutung, wenn auch erst Karl Prantl und verwandte Künstler dieses Eigne eines Steines zum Thema ihrer Werke machen. Für Gärten sind die Vorstellungen von vornherein aus einem Leben mit der Natur inspiriert, aus der Arbeit mit ihren Pflanzen und deren Wuchs geleitet. Die Einbildungskraft, wie an einem bestimmten Ort Menschen sich in seinem Zusammenspiel bewegen und erleben könnten, kommt als die Freieste der Komponenten hinzu,

obwohl sie meist noch als die wesentliche angesehen wird. Es heißt dann Garten- oder auch Landschaftsarchitektin, als ob da ähnlich willkürlich Gestalten entwickelt würden wie in der Architektur von Gebäuden und Städten.

Historisch ist diese Auffassung nicht unberechtigt, sofern man deshalb an sogenannte formale Gärten denkt. Deren Formen und Prinzipien sind tatsächlich wesentlich den Vorlagen einer entsprechenden Kunstgeschichte entnommen. Das gilt aber nur für die Anlagen seit der Renaissance und vor den Landschaftsparks. Und auch diese sind unter dem Anschein der Natürlichkeit viel mehr einer abstrakten Formengeschichte verpflichtet, als man üblicherweise wahrnimmt. Nur für diese Epochen europäischer Geschichte ist ein Schönheitsbegriff der entsprechenden Philosophie von primärem Interesse: das sogenannte Kunstschöne, wie es zuletzt von Hegel konzipiert worden ist, also vor zwei Jahrhunderten.

Was bedeutet uns aber heute das Wort Schönheit, das umso hemmungsloser verbraucht und missbraucht wird, als wir uns um eine für uns sinnvolle Bestimmung des Begriffs kaum bemühen. Im vorigen Jahrhundert spottete der Kunstkritiker Albert Schulze-Vellinghausen über »die schönen und immer noch bildenden Künste«. Längst hatte man sich an einer »Ästhetik des Hässlichen« versucht, wie schon der Hegelschüler Karl Rosenkranz oder auch Gottfried Benn. Es kann auch nicht sein, dass »schön ist, was gefällt«. Dann ist der Ruf nach dem Hässlichen als dem, was nicht gefällt, notwendig, um zu der Frage zurückzufinden, worauf Schönheit sich denn beziehen solle.

Die antike Philosophie hatte eine durchaus konsistente Konzeption: Das *Schöne* ist der Ausdruck des Wahren, und das Gute, nämlich ein gutes, das heißt ein gelingendes Leben bedarf vielfältiger Beziehungen dazu. Dem entspricht der antike Begriff vom Kosmos, der als Schein angesehen werden kann, weil man davon überzeugt ist, dass dieses Ganze durchgehend wohlgeordnet ist.

Die entsprechende Kosmologie der Antike ist seitdem mehrfach umgeworfen worden. Am gewaltigsten wurde das Weltbild durch zwei Revolutionen erschüttert. Seit Kopernikus ist nicht nur die Erde nicht länger das Zentrum des Universums, auch die Sonne kann nur als Zentrum eines sehr kleinen Teils des Weltalls betrachtet werden. Die Idee, dass geordnet nur sei, was ein Zentrum aufweist, auf welcher Beobachtung begründet auch immer, ist aufgegeben. Vielleicht ist die zweite Revolution noch grundsätzlicher. Das Weltbild Platos fixierte die offensichtlichen Bewegungen der Himmelskörper in die Statik unveränderlicher Wiederkehr von Abständen und Bewegungen. Inzwischen wird ein unvorstellbar großes System von Teilsystemen angenommen, dessen Ausdehnung man immer neu zu bestimmen versucht. Alles, was einmal Ordnung zu verbürgen versprach, ist aufgelöst.

Was kann uns Ordnung heißen? Der Begriff konnte einmal mit Regelhaftigkeit verwechselt werden. Spätestens seit Relativitätstheorie und Quantenphysik ist das unmöglich geworden. Als im Übergang zu unserer an der Evolutionstheorie orientierten neuen Geschichte Alexander von Humboldt neu den Kosmos zum Schlüsselwort seines Bildes von der Welt machte, hatte er auch eine neue Definition für das, was in ihr Ordnung heißen darf und heißen muss. Er nennt es »Naturwahrheit« und bestimmt es als »das Zusammenwirken aller Kräfte«.

Diese Überlegungen sind keineswegs nur ein begrifflicher Exkurs. Sie führen unmittelbar dahin, zu sagen, was uns ein Garten der *Schönheit* sein kann und welche Ordnung sich in ihm vergegenwärtigt. Es ist ein Zusammenwirken aller Kräfte im Kleinen. Ein Mikrokosmos, der überschaubar macht, was wir im Großen nur ahnen können oder wissenschaftlich rekonstruieren. Überschaubar ist noch zu distanziert gesagt aus der Perspektive des Visuellen, eben des vorherrschenden Fernsinns. Mitvollziehen sagt schon besser, wie sich diese Welt im Kleinen auf uns bezieht und uns einlädt, uns auf sie zu beziehen. Beim eigenen Garten ist es offensichtlich. Wir müssen mittun an dem Geschehen, das Garten heißt. Mittun ist anders als tun. Bedrängte Pflanzen freilegen ist etwas anderes, als einen verwahrlosten Speicher entrümpeln. Neue Büsche und Bäume pflanzen hängt mit mehr zusammen, als im Flur oder über dem Sofa ein Bild aufzuhängen. Wie einzelne solcher Gesten im bewussten, wahrscheinlich mehr noch im unbewussten Wissen als Antworten erlebt werden auf das umgehende Geschehen, wird an einer einfachen, selten geübten Beobachtung deutlich: Die Stämme auch riesiger Bäume haben einen vergleichsweise minimalen Durchmesser da, wo sie aus dem Boden kommen. Ohne das weite Wurzelwerk müssten sie unmittelbar umfallen. Da wir aber das niemals befürchten, erleben wir die Entsprechung zur Krone offenbar unter der Erde und erfreuen uns an diesem Ganzen, ohne uns dieses Umstandes bewusst zu werden. Während moderne Landwirte von agrarischen Flächen sprechen, wo alles darunter nur noch als zu kalkulierende Funktion verkommt, geben wir uns in Parks und in Landschaften, die wir schön nennen, dem sichtbaren und dem spürbaren und dem vielleicht auch nur erlernt gewussten Zusammenwirken hin.

Darum gibt es seit zweihundert Jahren eine eigene Therapie durch ein Leben mit Gärten, dem die einfach praktische Tradition immer schon vorausging. Wie jene Gründungen in den Niederlanden für behinderte Menschen, die in einer kleinen Stadt von einzelnen Familien aufgenommen und tagsüber auf umliegenden Höfen und Feldern tätig werden. Es gibt neue Bewegungen und Gründungen für Heilungen durch Gärten. Das ist tätiger Ausdruck des Bewusstseins dafür, dass wir eben auch in uns lebendiger und heiler werden, wenn wir die sinnliche Ordnung des Zusammenwirkens mit vollziehen. Zum Heilen kommt solches Erleben natürlich umso tiefer, je stärker wir uns im Mittun einem Mitwirken verbinden. Schon die Entfaltung einer Wahrnehmung führt uns immer intensiver in die Einheit von Wahrnehmen und sich Bewegen, wie Victor von Weizsäcker als Arzt und Kulturanthropologe sagt. Dabei bewegen wir uns, wie uns das Gegenüber in Bewegung gebracht hat, in unseren Organen und dann auch im gemeinsamen

Raum mit dem Gegenüber der Wahrnehmung. So wird eine Stelle der Welt zu einem Ort, nämlich zu einem Resonanzfeld, dem gewitzte Physiker inzwischen seinen ihm eigenen Klang ablauschen.

So vieles, das aus dem kulturellen Bewusstsein entschwunden ist, das in den alltäglichen Begegnungen, eben auch mit Natur, erwuchs, wird uns als wissenschaftliche Entdeckung zurückgberacht. Darin wird es deutlicher vielleicht denn zuvor. Aber theoretische Erklärungen helfen uns kaum, es in unser Leben aufzunehmen, wie es einst der Architekt der aufblühenden Renaissance Leon Battista Alberti ausgedrückt hat: »Wenn es uns schlecht geht, dann können wir uns heilen, indem wir in das Gesicht eines würdigen, alten Menschen schauen oder uns einer Landschaft hingeben.« Eine solche künstlerische Intensität spricht umso gültiger aus, was uns allen, übergangen oder doch gesucht, widerfahren mag. An einem strahlend jungen Menschen kann uns eine neue Energie anstecken. Wenn es uns schlecht geht, teilt sich uns die erprobtere, zur Gewissheit gereiftere Ordnung des Zusammenwirkens von den älteren Zügen eines darum »würdigen Menschen« eindrucksvoller mit.

Diese Ordnung hat nichts Metaphysisches. Indem wir sie nennen, vergegenwärtigen wir uns nur, was der Quantenphysiker Hans-Peter Dürr »die Klugheit der Evolution« genannt hat. Ordnung ist etwas ganz anderes als Regelhaftigkeit. Zu der gerinnen ihre Wirkungen immer wieder und müssen deshalb immer neu dem Wandel zurückgegeben werden.

Wenn wir ihren Niederschlag in einem gelungenen Garten oder Park oder Landschaftsganzen beglückt aufnehmen, merken wir vielleicht gar nicht, wie sie uns unweigerlich zu eigenem Wandel bereit macht. Das sagt Alberti mit dem Wort »hingeben«.

Wie ist, darüber hinaus, zu verstehen, wie solche Gärten und Parks und manchmal ganze Landschaften angelegt werden? Wir sollten Landschaften dabei nicht aus dem Blick verlieren. Ich erinnere nur an Fahrten entlang eines Bergzuges an einer japanischen Küste. Zur Zeit der Kirschblüte wurde deutlich, dass die Folge dunkler Wälder auf erstaunliche Weise hin und wieder durch das zarte Weiß einen gliedernden Akzent, einen Angelpunkt für das Auge, das mit der sanften Linie der Höhenzüge mitgeschweift ist, Orientierungen erfährt. Wenn man seinem Staunen darüber Ausdruck gibt, erfährt man, dass seit je in diesen Gegenden bestimmte Menschen die Aufgabe haben, dafür zu sorgen, dass diese Bäume an geeigneten Stellen gepflanzt werden. Dann erinnert man sich vielleicht, dass man in der Toskana Reihen schlanker Zypressen als Gliederung der Landschaft erlebt hat, wie sie die Silhouette eines Berges vom Tal bis zur Spitze betonen – Vorwegnahmen der Op-Art der vergangenen 60er Jahre. Sie sind offensichtlich so bewusst in die Gegend gesetzt, wie auf Bildern der Sieneser Schule Schafherden auf Berghängen gemalt sind: in Pferchen sind sie dicht zusammengedrängt in abwechselnd schwarzen und hellen Feldern wie auf einem Schachbrett. Die geometrischen Gärten späterer Jahrhunderte haben solche Vorboten zu repräsentativen Demonstrationen um Herrschaftszentren entwickelt. Damit sind die Vorstellungen zunehmend zu Regelsystemen geronnen.

Woran können dann Entwürfe heute sich halten, zwischen alles verregelnder Planung und der Behäbigkeit von Zufällen?

Was inzwischen wissenschaftliche Interpretationen den Wirkungsgeschichten der Evolution entnehmen, hat im Umbruch zur hochindustriellen Welt der Menschheit Goethe philosophisch in seinen Überlegungen zu *Schönheit* als grundlegende Einsicht geklärt: *Schönheit* ist Notwendigkeit mit Freizeit.

Wir wissen und erleben die Notwendigkeit in den Gesetzmäßigkeiten der naturbedingten Elemente einerseits. Wir sehen ebenso auch, welche Bedingungen unseren Wechselbeziehungen zu den Gärten im Ästhetischen der Wahrnehmung und des Ausdrucks unserer Resonanz zugrunde liegen. Die Freiheit meint zunächst, wie alle Biografien einer Spezies Offenheit für Wandel erlauben, ja sogar erfordern. Damit ist aber auch unserer menschlichen Einwirkung die Möglichkeit verändernder Vorstellungen eröffnet. Eben unserer Antworten statt abstrakter Willkür.

Wir sollten uns den Ilmpark darauf anschauen. In ihm durchdringen sich die Weimarer Klassik und die Natur des Ortes so, dass er zur wahrnehmbaren Gestalt einer Mitte deutschen Geisteslebens geworden ist – auf dem Hintergrund Goethe'scher Naturwissenschaft.

Bauherr	Stadt Frankfurt am Main, Grünflächenamt
	Tishman Speyer Properties Deutschland GmbH, Frankfurt am Main
	BHF-Bank AG, Frankfurt am Main
Architekt:	Christoph Mäckler, Frankfurt am Main
Gartenarchitektin	Adelheid Schönborn
Bauzeit	2008–2010
Größe	5.500 m²
Fotografie	Anna Schönborn, 2010

12

Rothschildpark

Eine halbrunde Steinbank erinnert an das ehemalige Rothschild Palais, in dem es den Mittelrisalit der Südfassade nachzeichnet. Um die Geschichte deutlich zu machen, sind zwei Bronzetafeln in die Steinbank eingelassen.

Spaziergang 12
Zwischen Reuterweg,
Oberlindau und Bockenheimer Landstraße
Frankfurt am Main
2008–2010

Wechselvoll und wissenswert

Ein lebendiges Kleinod mitten in Frankfurt. Hier ist immer was los. Zwischen modernen Wolkenkratzern und geschäftigem Großstadtalltag treffe ich auf Kinder beim Spielen, Frauen beim Yoga, Pärchen beim Turteln, Männer beim Lesen oder auf andere Spaziergänger. Ob sie alle die wechselvolle Geschichte dieses Ortes kennen? Ob sie wissen, dass es in diesem Park einst märchenhafte Feste und elegante Soireen gab, die ihm den Namen »Garten aus tausendundeiner Nacht« verliehen? Ob sie wissen, dass hier ein herrliches Palais einer alteingesessenen Frankfurter Familie über Generationen hinweg ein gutes Zuhause war, bis sie von den Nationalsozialisten beraubt und enteignet wurde? Der Rothschildpark erzählt viel Wissenswertes. Über seine Geschichte, über den Umgang mit Kulturgut, über Vertreibung und Verdrängung. Aber auch von einer gemeinsamen Anstrengung, die diesem Park seine Größe und Schönheit wiedergegeben hat. Er dankt es mit grünem Raum für eine ganze Menge Leben.

Der Rothschildpark

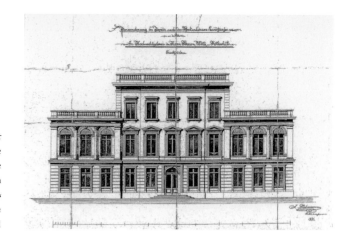

Entwurfszeichnung zur
»Veränderung der Fassade
nach der Bockenheimer Landstraße
– Sr. Hochwohlgeboren des Herrn
Baron Willy von Rothschild«
J. Dielmann
1871

Schmerzvolles Ende einer Gartenleidenschaft

Seine 200-jährige Geschichte beginnt als Gemüsegarten. Der Frankfurter Bankier Amschel Mayer Rothschild legt ihn 1816 an und baut ein kleines Landhaus an der Bockenheimer Chaussee mit dazu. »Ein Garten ist notwendig wie Brot«, schreibt er im gleichen Jahr an seine Brüder. Später wird der Garten zu einem englischen Landschaftspark mit einem neogotischen Turm erweitert. 1832 folgt der Bau des klassizistischen Rothschild-Palais. Park und Palais sind bereits damals öffentlich zugänglich und ziehen die Aufmerksamkeit zahlreicher Besucher auf sich. In einem Reiseführer aus dem Jahre 1853 heißt es: »Der v. Rothschild'sche Garten. (Man gibt hier dem Porthier die auf dem Rothschild'schen Comptoir erhaltenen Eintrittskarten ab. Trinkgeld) Der von Rothschild'sche Garten mit reizender Villa in ital. Geschmack und prachtvollen Zimmern ist mit seiner kl. Künstlichen Ruine, seinem Schwanenteich, Kiosk und seinen großen Gewächshäusern einer der schönsten Gärten Frankfurts. Unter den Pflanzen ist besonders im untern Theile des Gartens, östlich vom Schwanenteich, r., eine prachtvolle Fichte aus der Südsee sehenswerth.« Bis 1899 und durch zwei weitere Rothschild-Generationen wird das Anwesen mehrfach weiterentwickelt. 1938 endet die glanzvolle Geschichte des Rothschildparks. Die Nationalsozialisten zwingen Maximilian von Goldschmidt-Rothschild, den Besitz an die Stadt abzutreten. Er stirbt 1940 als Mieter eines kleinen Zimmers in seinem ehemaligen Palais, das wie der Park im Zuge des Kriegsbombardements stark zerstört wird.

isometrischer Plan zum Rothschildpark
Frankfurt am Main
1890

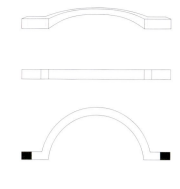

*Eingelassene Bronzetafeln
in der halbrunden Steinbank*
An dieser Stelle errichtete die Frankfurter Bankiersfamilie Rothschild 1829–1831 ein Palais. Park und Palais wurden 1938 enteignet, 1944 zerstörten Bomben das Anwesen. (Bronzetafel mit der Fassade des Palais vor dem Zweiten Weltkrieg, *Kunstschmied Bergmeister*, Ebersberg)

Der Rothschildpark

Wasserbecken
Das Becken beginnt am Oberlindau und führt durch das Gebäude hindurch in den Park hinein. Über das Wasserbecken wurde als Zufahrt eine Brücke aus Granit gelegt.

Rothschildpark
am Oberlindau
Frankfurt
2010

Der gemeinsame Wille zum Wunder

Was die Bomben des Krieges nicht geschafft haben, erledigen die Bagger. Anfang der 1950er Jahre wird das Palais abgerissen, der Rothschildpark in Einzelteile zerlegt, verkauft, bebaut und als Restgrünfläche genutzt. Er wird zum Schauplatz des Frankfurter Häuserkampfs und seine Ränder zu begehrten Spekulationsobjekten. 2004 übernimmt das US-Immobilienunternehmen Tishman Speyer das Areal des ehemaligen Zürich-Hauses und plant unter Regie des Frankfurter Architekten Christoph Mäckler den Bau des 170 Meter hohen Opernturms. Es ist der Beginn einer engagierten und kreativen Kooperation zwischen Investoren, Architekten und der Stadt Frankfurt, ein modernes Monopoly im besten Sinne: Es wurde stärker in die Höhe gebaut, um dafür 5500 Quadratmeter mehr Grünfläche am Boden zu gewinnen. Die benachbarte BHF-Bank stellt ebenso ein rund 5000 Quadratmeter großes Grundstück zur Verfügung und verlegt eine Tiefgarageneinfahrt derart, dass die ursprüngliche Parköffnung hin zur Bockenheimer Landstraße wieder geöffnet wird. Dank dieses Glücksfalls einer großartigen Initiative erhält der Rothschildpark seine historische Form zurück. Rund 1,4 Millionen Euro stellen Tishman Speyer und die Stadt Frankfurt für die Restaurierungsarbeiten zur Verfügung. Mit dem Geld wird unter anderem der neogotische Turm im Nordteil des Parks saniert. Während der Arbeiten wird hier ein Stein gefunden. Ein »Güterstein. 1818« aus rotem Sandstein, der den Namen Amschel Mayer Rothschild trägt. Der Hausherr kehrt in seinen Garten zurück.

Der Rothschildpark

Entwurf
Rothschildpark mit Randbebauung
Adelheid Schönborn, Gartenarchitektin

Ein Park steht wieder auf

Endlich, nach Jahrzehnten der Vernachlässigung und Parkzerstückelung ist es in gemeinsamer Anstrengung aller Beteiligten gelungen, den Phönix im Herzen Frankfurts aus der Asche zu heben und den alten Landschaftspark wiederherzustellen. Er umfasst nun wieder 4,5 Hektar. Zugewachsenes wird zugunsten von Blickachsen ausgelichtet. Alle Wege werden einheitlich nach altem Vorbild gestaltet, neu aufgebaut, mit Bessunger Kies abgestreut und mit Eisenband schwingend gefasst. In den Archivalien war auch die Rede von einem alten Maulbeerbaum. Dieser steht nun frisch gepflanzt im Südteil des Parks. Hinter dem Halbrund der Steinbank, die das Mittelrisalit der Südfassade des ehemaligen Palais nachzeichnet, steht nun ein neuer Japanischer Blumenhartriegel, *Cornus kousa*. 1320 große Gehölze und Sträucher werden gepflanzt und neuer Rasen angelegt. Die Auswahl der 43 neu gepflanzten Bäume setzt mit Buche, Eiche, Linde, Ahorn, Platane, Weide und Kastanie die ursprüngliche Verwendung fort. Dieser Park lebt von raumbildenden Bäumen und Gebüschpflanzungen, großzügigen Rasenflächen und weiten Durchblicken auf Parkstaffagen, den *»les points de vue«*. Beim Innehalten nimmt man erst die Tiefe des Parks und die Hauptsichtachse wahr. Zwischen dem aufgeasteten Eibenaltbestand wirkt der eher schwere Ring der Statuen von Georg Kolbe aus dem Jahr 1954 fast schwebend. Auf der Anhöhe der Sichtachse erlebt der Parkbesucher auf schattigen Pfaden durch immergrüne Gehölzpflanzungen den gotischen Turm. Er ist das letzte Relikt der Rothschilds in diesem Park. Alle weiteren Parkbauten sind nach 1945 abgerissen worden. Davor gab es hier eine Orangerie, eine kleine private Turnhalle, ein Gesindehaus, einen Weiher mit einer Zierbrücke und ein orientalisch anmutendes Entenhaus. Was für ein Verlust.

Bei meiner gesamten Arbeit ist es mir deshalb ein großes Anliegen, nicht nur den Park selbst, sondern auch seine Geschichte lebendig zu vermitteln. Vor allem auch durch das Engagement der Familie Rothschild. Der französische Zweig der Familie hat die Steinbank gestiftet und der englische Zweig liefert Rhododendren, aus der berühmten Rothschild'schen Rhododendrenzucht des Parks in Exbury in Hampshire/Südengland. Sorten und Farben sind speziell für das Frankfurter Klima zusammengestellt. Der Rothschildpark ist ein Glücksfall, möglich nur durch das kraftvolle und engagierte Zusammenspiel von öffentlicher Hand und privatem Einsatz. Frankfurt kann sich glücklich schätzen über den kulturellen Reichtum, den jüdische Familien der Stadt hinterlassen haben. Doch der Schmerz über die unendlichen Verluste bleibt.

Stifter der Rhododendren aus Exbury
Lionel de Rothschild

Exbury,
Rothschildpark in Südengland,
Heimat der Rhododendren

Alter Baumbestand
Wenn Bäume Geschichten erzählen könnten. Der noch verbliebene Baumbestand des Rothschildparks hat selbstverständlich auch unter den verheerenden Einwirkungen der Zeit zwischen 1938 und 1945 gelitten. Die schlimmsten Zerstörungen allerdings erfolgen erst nach dem Zweiten Weltkrieg mit der Bebauung des südlichen Parkteils und der Bockenheimer Landstraße.

Parkbegehungen mit dem Bauherrn
Regelmäßige Begehungen mit dem Bauherren der BHF-Bank zollen von dem großen Interesse und der Freude an dem Fortgang der Arbeiten. Wegbreiten und Einfassungen, Materialproben und Bepflanzungsvorschläge werden erörtert und anhand von Mustern vorgestellt. Auch technische Einbauten wie Lüftungsgitter und Kanalschächte sind unvermeidlich, aber in hoher Qualität gestaltet ermöglichen sie eine lebendige, fließende Bodenmodellierung der Rasenflächen.

Neue Terrasse im Park
Bei schönem Wetter wird die neue Terrasse unter alten Bäumen gerne zum Aufenthalt im Freien genutzt. Bestuhlung und Schirme wurden gemeinsam mit dem Bauherren bemustert und ausgewählt.

Neue Zugänge
Neuerdings hat der Rothschildpark sieben Zugänge. Zwei neue von der Bockenheimer Landstraße, zwei vom Oberlindau (einer davon neu), einer Ecke Staufenstraße, einer vom Reuterweg sowie das neue Rothschildtor am Reuterweg. Auch der neue Zugang vom Oberlindau ist aufgewertet durch die schönsten Rhododendren aus Exbury.

Der Rothschildpark

Historischer Überblick

1816	Erwerb des Grundstückes durch Amschel Mayer Rothschild
1822–1832	Erwerb angrenzender Grundstücke zur Vergrößerung des Gartens
1829–1831	Gestaltung der Rothschild'schen Villa durch den Architekten Friedrich Rumpf: Umbau des Gartenhauses unter Anbau von Seitenflügeln und der Gestaltung einer einheitlichen Fassade
ab 1832	Umgestaltung der Gartenanlage zum Englischen Landschaftsgarten: Bau des gotischen Turmes, Anlage eines Weihers, Einrichtung eines Wirtschaftsgartens sowie Bau einer Orangerie und von Gewächshäusern
1855	Übernahme von Haus und Garten durch Wilhelm Carl von Rothschild, nach dem Tode Amschel Mayer Rothschilds
1869–1870	Umbau der Rothschild'schen Villa (Rothschild-Palais durch den Architekten Johann Georg Dielmann)
ab 1870	Neugestaltung des Gartens nach dem Erwerb angrenzender Grundstücke
1890–1891	Umbau des Palais im klassizistischen Stil durch den Architekten Franz von Hoven; Neugestaltung des Gartens: Veränderung des Wegenetzes, Anlage eines Weihers neben dem Palais und Aufstellung von Statuen.
1901	Übernahme von Haus und Garten durch Baron Maximilian von Goldschmidt-Rothschild nach dem Tode von Wilhelm Carl von Rothschild
1938	Enteignung der Familie Goldschmidt-Rothschild; Aneignung der Anlage durch die Stadt Frankfurt
1943–1944	Zerstörung von Palais, Orangerie, Teilen der Wirtschaftsgebäude und der Parkanlage durch Bombenangriffe
1946	Bau des Amerika-Hauses auf dem Areal des ehemaligen Wirtschaftsgartens
1950	Nutzung des Parkes als öffentliche Grünanlage nach gärtnerischer Umarbeitung; Unterschutzstellung als Denkmal
1950–1960	Bau der Kindertagesstätte auf dem Areal des ehemaligen Wirtschaftsgartens
1954	Aufstellung des Kunstdenkmals »Ring der Statuen« von Georg Kolbe
1960–1980	Rückführung eines Teilstückes an die Erben der Familie Rothschild: Abriss der Ruine des Rothschild-Palais und Bau von Bürohochhäusern entlang der Bockenheimer Landstraße; der gesamte südliche Teil wird bebaut und geht als Park verloren.

oben:
der gotische Turm,
ein Zeichen des alten
Rothschildparks

unten:
Ring der Statuen,
Georg Kolbe
1954

Weg zum gotischen Turm,
das alte Tor vom Oberlindau her

Sanierung der alten
Sandsteineinfriedung

Gedanken über den Rothschildpark

Christoph Mäckler

Prof. Christoph Mäckler, 1951 geboren in Frankfurt am Main, 1972–1980 Architekturstudium in Darmstadt und Aachen, 1976–1978 Bürotätigkeit bei O.M. Ungers und Gottfried Böhm, 1981 Gründung des Büros für Architektur und Städtebau (Mäckler Architekten) in Frankfurt am Main, 1987 »Frankfurt-Projekt« (Ausstellung im Deutschen Architekturmuseum Frankfurt am Main), 1983–1996 Städtebaubeirat ebendort, seit 1998 ordentlicher Professor für Städtebau an der TU Dortmund, 2006 Mitgründung des »Neuen Brückenbauvereins Frankfurt«, Gastprofessuren und Lehraufträge in Kassel, Neapel, an der TU Braunschweig, der Universität Hannover und an der Fachhochschule Stuttgart, seit 2008 Direktor und Begründer des Deutschen Instituts für Stadtbaukunst, ausgezeichnet mit dem Schinkel-Preis, dem Hessischen Kulturpreis, dem Friedrich-Stoltze-Preis sowie dem Deutschen Natursteinpreis, Berater für zahlreiche Städte.

*»Nicht nur eine lange enge Freundschaft, sondern auch eine vertrauensvolle Zusammenarbeit haben mich bewogen, ihn um einen Beitrag zu bitten. Architektur und Landschaftsarchitektur auf gleicher Wellenlänge, was für ein Gewinn.«
Adelheid Schönborn*

Mit der Errichtung des Frankfurter Opernturmes wurde 2010 auch der Rothschildpark neu angelegt, der zu dieser Zeit in der Öffentlichkeit fast in Vergessenheit geraten war. Den Ursprung des Parkes bildete ein im frühen 19. Jahrhundert von Amschel Mayer Rothschild erworbenes Landhaus mit Grundstück an der damaligen Bockenheimer Chaussee, der heutigen Bockenheimer Landstraße. Das Grundstück lag in einer sich neu entwickelnden Gartenvorstadt, dem heutigen Westend, unmittelbar vor dem damaligen Bockenheimer Tor und der gerade geschleiften Frankfurter Stadtbefestigung. Mit dem Ausbau des bereits bestehenden Hauses zu einem Palais für die Familie Rothschild entstand ab 1832 die Parkanlage im Stil eines englischen Landschaftsgartens mit einem neugotischen Turm, der noch heute als Bauwerk ein besonders wichtiges Element im Rothschildpark darstellt. Nach einigen Umbauten des Palais und weiteren Umgestaltungen des Parkes gelangte das Areal über einen erzwungenen Verkauf im Jahre 1938 in den Besitz der Stadt Frankfurt am Main. Im Zweiten Weltkrieg schwer beschädigt – das Rothschild-Palais wurde 1943 bei einem Fliegerangriff auf Frankfurt zerstört, die Orangerie brannte im darauf folgenden Jahr nieder – erfuhr das Anwesen die schlimmsten Zerstörungen aber erst nach dem Zweiten Weltkrieg, als die Stadt im Süden entlang der Bockenheimer Landstraße der Errichtung zweier Bürotürme für die Zürich Versicherung und die Berliner Handelsbank zustimmte und den Park damit baulich von der Bockenheimer Landstraße trennte. Darüber hinaus errichtete die Stadt im nördlichen Bereich des Parkes einen städtischen Kindergarten sowie das Amerika-Haus, im Westen eine Wohnbebauung und genehmigte im Osten des Rothschildparkes am Reuterweg das SGZ-Hochhaus, für das der Weiher des Parkes zugeschüttet wurde und mehrere 120 Jahre alte Platanen gefällt wurden.

Damit war der Rothschildpark von Wohn- und Bürohäusern umbaut, die ihn von der Stadt abschirmten und ihn als öffentlichen Park in der Frankfurter Bevölkerung in Vergessenheit geraten ließen. Erst mit dem Abriss der drei großen Bürohäuser der Zürich Versicherung im Jahre 2002, die – durch Pavillonbauten verbunden – den gesamten südwestlichen Bereich des Parkes überbaut hatten, bestand die Chance, das Grundstück neu zu ordnen, den Rothschildpark zur Bockenheimer Landstraße zu öffnen und ihn damit als öffentlichen Park wieder in das Bewusstsein der Bevölkerung zurückzurufen. Hierzu wurde der Park von Adelheid Schönborn in Anlehnung an das historische Vorbild umgestaltet und im Süden zur Bockenheimer Landstraße hin erweitert. Diese Erweiterung war möglich geworden, weil man sämtliche Flächen der Pavillonbauten und der drei Bürohäuser in einem Bauwerk, dem Opernturm, zusammenfasste. Es entstand damit eine zusätzliche Parkfläche in einer Größe von insgesamt 5500 m², die der Stadt Frankfurt in ihrem Zentrum zurückgegeben werden konnte.

Der Entwurf und die Überarbeitung des Rothschildparks durch Adelheid Schönborn ist nicht als einfache Rekonstruktion der historischen Anlage zu verstehen. Dies wäre schon deshalb nicht möglich gewesen, weil das Grundstück nach wie vor gegenüber seiner ursprünglichen Gestalt eine weit geringere Fläche aufweist. Es sind vielmehr kleine Interventionen, die auf die Geschichte des Ortes verweisen. So erinnert eine steinerne Parkbank, die an die Stelle des ursprünglichen Wintergartens des Rothschild-Palais gesetzt wurde, an das prächtige Gebäude, in dem die Familie Rothschild über mehr als 100 Jahre wohnte. Als wichtigstes Gestaltungselement der Landschaftsarchitektin aber fungiert ihre Auswahl der Pflanzen, die sie mit Sorgfalt und einem besonderen Verständnis für die Zeit, in der der ursprüngliche Park entstand, aussuchte. Adelheid Schönborn verstand es, den noch vorhandenen wertvollen Bewuchs in seinem Kernbestand zu bewahren, ihn behutsam zu revitalisieren und zu dem Bild eines landschaftlichen Parkes, im Sinne eines englischen Landschaftsgartens, wie ihn die Rothschilds vor rund 150 Jahren angelegt hatten, zurückzuführen.

Mit geschwungenen Wegen, dem bewussten Wechselspiel von Baum- und Gebüschgruppen und weit angelegten Rasenarealen, die im südlichen Bereich des Parkes leicht hügelig in Erscheinung treten und damit den Zugang an der Bockenheimer Landstraße akzentuieren, werden immer wieder neue Blickbeziehungen eröffnet, die eine wohltuende Spannung erzeugen und dem Parkbesucher eine fast beiläufige Abwechslung gewähren.

Scheinbar beiläufig erscheint auch das Zusammenfügen des alten und neuen Bewuchses der Parkanlage und ihrer geschwungenen Wege mit dem für Frankfurt typischen beigen Kies. In dieser scheinbaren Beiläufigkeit liegt die hohe Kunst, Altes mit Neuem so zu verbinden, dass eine selbstverständliche Einheit in der Gesamtgestalt der Parklandschaft entsteht.

Eine Besonderheit, »Die Rothschildinsel«, mit Rhododendren aus Exbury, muss erwähnt werden. Lionel de Rothschild aus Exbury in Südengland schenkte der Stadt Frankfurt für den Rothschildpark 80 prachtvolle Rhododendren als Erinnerung an die Familie.

Das Alte des Parkes zu bewahren, es in seinem Bestand wieder in seine ursprüngliche Form zurückzuversetzen und es gleichzeitig mit Neuem zu ergänzen, ist Adelheid Schönborn an dieser für Frankfurt so wichtigen Stelle vorbildlich gelungen. Die neu gestaltete Anlage wird sich in den kommenden Jahrzehnten mit dem stetigen Wachsen der Pflanzungen, vor allem der neu gepflanzten Bäume und Sträucher zu einem prächtigen Landschaftspark entwickeln und die Stadt Frankfurt in ihrem Zentrum am Opernplatz schmücken.

Bauherr	Gemeinde Neubiberg
Architektin	Emanuela von Branca
Gartenarchitektin	Adelheid Schönborn
Terrakottaplatten	Girnghuber GmbH, Marklkofen
Fläche	8 ha
Bauzeit	1998–2000
	2015–2018
Fotografie	Thomas Lüttge, 2009
	AGS, Detlef von Witzleben, 2018

13

Friedhof Neubiberg

Spaziergang 13
Werner-Heisenberg-Weg, Neubiberg
1998–2000
2015–2018

»Einen Ort für die Lebenden wollten wir gestalten, denn das Mysterium des Todes beschäftigt uns hier und jetzt. Ein Ort nicht nur der Trauer, sondern auch der Begegnung, unserer individuellen Geschichte und der Auseinandersetzung mit unserem Leben angesichts der Vergänglichkeit.« Emanuela von Branca

Umgang mit der Endlichkeit

Es solle »ein feiner stiller Ort werden, darauf man mit Andacht gehen und stehen kann«. Traditionell ist der von Martin Luther so geforderte Ruhegarten ein Ort der Rückbesinnung und Kontemplation. Als Ort des Abschieds, der würdigen Bestattung und des gemeinschaftlichen Geleits auf der letzten Reise des Verstorbenen, geht das Kulturgut Friedhof aber einer neuen, vielleicht auch ungewissen Zukunft entgegen. Der selbstverständliche Umgang mit dem Tod als unausweichlicher Endpunkt unseres Daseins hat sich ebenso verändert wie die damit verbundene Trauerkultur. Menschen gedenken heute anders. Und Menschen möchten anders erinnert werden. Unerkannt und anonym. Ein bedenkliches Sinnbild einer Gesellschaft, die sich mit der Endlichkeit des Lebens möglichst nicht beschweren will.

Friedhof Neubiberg

Blickpunkt und Leitsystem
Die Wasserachse ist das zentrale Gestaltungselement und die symbolische Wegstrecke des Friedhofs Neubiberg. Die im Norden und Süden neu geschaffenen, parkähnlichen Waldflächen bilden gleichzeitig den Rahmen für den Landschaftspark »Hachinger Tal«.

Das Gipfelkreuz
Eine Himmelstreppe führt hinauf zu einem Holzkreuz. Von dort reicht der Blick über den Landschaftspark »Hachinger Tal« bis zur fernen Alpenkette.

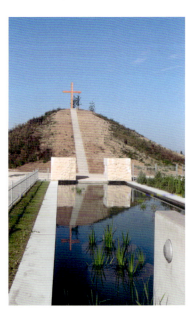

Klare Symmetrie
Das Wasserbecken und der Meditationsgarten bilden parallel zu den Grabfeldern eine Achse, die ihren Endpunkt im Holzkreuz auf dem Hügel findet.

Der Weg als Ziel

Dieses acht Hektar große Areal soll ganz im Sinne Luthers ein »feiner stiller Ort« werden. Zuvor dröhnten hier noch die Motoren von Militärflugzeugen im Wettstreit mit dem Protest wütender Demonstranten, die laut gegen den Fluglärm skandierten. Dann kehrt Stille ein und mitten im Siedlungsgebiet des Münchner Südostens entsteht Raum für einen Ruhegarten, der dem Tod einen Platz im Leben gibt. Wie gehe ich vor? Welches Bild leitet mich? Es ist der »Weg« in seiner Verbindungsfunktion zwischen dem entfernteren Ort Neubiberg, dem Friedhofs-Areal und dem angrenzenden Landschaftspark »Hachinger Tal«. Es ist zudem der »Weg« als Übergang zwischen Leben und Tod. Eine finale Passage, die auch Hoffnung und nicht nur Ende bedeuten kann. Gestalterisch will ich den verschiedenen Funktionen des Ruhegartens gerecht werden: Ein Ort für die letzte Begegnung, als wahrhaft kostbarer Moment des Loslassens, Erinnerns und Wieder-lebendig-werden-Lassens. Ein Ort der Trauer, des Beistands und des Teilhabens. Ein Ort der Rückbesinnung auf ferne Vergangenheiten, die mit dem Moment wieder gegenwärtig und greifbar werden. Ein Ort der kontemplativen Ruhe und Meditation. Ein Ort für Flora und Fauna, die den Lebensraum Friedhof in verschiedensten Weisen bereichern. Alle weiteren wesentlichen Aspekte der Landschaftsgestaltung ergeben sich aus der Gesamtkonzeption des Friedhofes selbst. Dabei gilt es, ein Spannungsverhältnis zwischen der freien Landschaft (»Hachinger Tal«) und den bewaldeten Randflächen herauszuarbeiten. Eine Öffnung in die Landschaft entsteht durch die Blickbeziehung.

Friedhof Neubiberg

Das Tor zum Friedhofsbereich

Im Südosten bildet die Aussegnungshalle, gestaltet von der Architektin Emanuela von Branca, das Tor zum Friedhofsbereich. Sie ist eine elementare Stätte auf unserem Weg, die das Innehalten, Gedenken und die Möglichkeit zur Neuorientierung unterstützt. Der Baukörper der Halle ist in Sichtbeton ausgeführt. Alle weiteren baulichen Elemente fügen sich als Holzkonstruktionen an diese Grundstruktur. Die Halle überdeckt einen weit größeren Bereich, als für ihre eigentliche Funktion nötig ist. Große Glasfronten im Osten und Westen geben den nötigen Wetterschutz, lassen aber den Blick frei. Auch der Fußbodenbelag zieht sich von außen in die Halle hinein, nur die Stelle des »Stehenbleibens« ist durch eine Fläche im Holzparkett gekennzeichnet, die wie eine Spiegelung der Holzschindelwand auf dem Boden erscheint. Die Gläser der Aussegnungshalle gestaltete der Künstler Thierry Boissel. Von der Aussegnungshalle aus erstreckt sich ein 70 Meter langes Wasserbecken, das vor einem Hügel endet. Es symbolisiert die Ruhe, die Stille wie auch das Leben. Hier dient es aber gleichzeitig auch als Fortsetzung des Weges und begrenzt das südliche Ende des Friedhofs. Ein Quellstein, gestaltet von Christian Hinz, symbolisiert den Ursprung des lebensspendenden Elements.

rechts:
Das Ein- und Ausatmen wird nicht nur durch den Duft der über 20 Pflanzen, wie Lavendel und Thymian im Meditationsgarten, angeregt. Der Gedanke daran wird auch von den künstlerisch bearbeiteten Platten von *Nele Ströbel* verdeutlicht.

Wassertiefe
Die Bepflanzung des 70 Meter langen Wasserbeckens mit Seerosen und Wasseriris hält ein natürliches, sauerstoffspendendes Gleichgewicht zur Wassertiefe. Gespeist wird das Becken von einem tiefen Brunnen, der auch das Wasser für die Friedhofsbewässerung liefert.

Friedhof Neubiberg

Gestaltetes Gesamtkunstwerk
Der Schöpfbrunnen des Bildhauers *Christian Hinz* setzt in dem Gesamtkunstwerk ebenso interessante Akzente wie die geometrisch angelegten Grabfelder.

konkav gestaltete Terrakottaplatte mit Symbolcharakter

Geometrie der Gräber

Von dem Aufbahrungsbereich der Aussegnungshalle ausgehend begleitet der Meditationsgarten die Wasserspur. Hier erinnern kunstvoll gestaltete, konvexe und konkave Terrakottaplatten an das Ein- und Ausatmen. Die den Mediationsgarten begleitenden, einfachen Kieswege werden von Streifen mit niedriger Bepflanzung mit Lavendel, Thymian und Sedum, blau und gold, abgelöst. Daran schließt sich im Norden der eigentliche Friedhofsbereich mit den geometrisch angelegten Grabfeldern an. Fünf große Felder beherbergen unterschiedliche Grabformen und respektieren die verschiedenen Möglichkeiten der Bestattungs- und Trauerkultur. Sie sind aus versetzt angeordneten Rechtecken und Quadraten gestaltet, in deren Mittelpunkt unterschiedlich arrangierte Urnengrabfelder den einzelnen Quartieren ihre Individualität geben. Verstärkt wird diese durch farblich abgestimmte Staudenpflanzungen in Blau (Rittersporn, Lein, Eisenhut, Iris und Glockenblumen) Gelb (goldener Lein, Astern, Frauenmantel) und Rot (Pfingstrosen, Rosen, Astern). Das Werden und Vergehen in den Jahreszeiten zeigen die Obstbäume, welche die geometrisch angelegten Grabfelder prägen. Jeweils eine blühende Baumart begleitet die Wege der Grabfelder. An ihrem Rande sind Ruheplätze im Schatten von Walnussbäumen angelegt. Hier befinden sich die Schöpfbrunnen aus Kalkstein, die wie der Quellstein ein Werk des Bildhauers Christian Hinz sind.

Der Duft der Erinnerung
Der *Thymus vulgaris* ist auf dem Gelände des ehemaligen Militärflughafens und heutigen Ruhegartens wild und weit verbreitet. Die bodendeckende, trittfeste Staude duftet stark aromatisch. Und nichts verfliegt so schnell und bleibt doch so einprägsam erhalten wie ein Duft. Duft weckt Erinnerung. Nur im Erinnern lebt der Verstorbene weiter. Der intensive Duft dieser alten südeuropäischen Heilpflanze ist wie eine Verbindung zwischen den Toten und ihren Zurückgebliebenen.

Die Urnenfelder
Sie sind jeweils mit Stauden gleicher Farbe zu einem großen Quadrat zusammengefasst. Kunstvoll modellierte Terrakottaziegel setzen Akzente in den Plattenbändern. Die von *Nele Ströbel* bearbeiteten Platten symbolisieren das Ein- und Ausatmen, das tatsächlich durch den Duft der über 20 Pflanzen, wie Lavendel und Thymian im Meditationsgarten, angeregt wird.

Friedhof Neubiberg

Meditationsorte mit Weitblick und Tiefgang

Im Westen, am tiefsten Punkt, dient ein begrenzendes Regenwasser-Rückhalte-Gewässer, bepflanzt mit ortstypischen Feuchtstauden, als Schaftränke für die im »Hachinger Tal« weidenden Schafherden. Alle Wege, die zum Friedhof führen, sind von Spitzahorn, Eichen oder Linden gesäumt und prägen die Landschaft als geradlinige Alleen. Ziel und Endpunkt des Weges ist jeweils der Berg. Das Gipfelkreuz wurde von Stephan Hössle gestaltet. Der Berg steht für die Anstrengungen des Lebens, aber auch des Abschiednehmens. Gleichzeitig steht er aber auch für die Möglichkeit, über sich hinauszuwachsen und über seinen Horizont hinauszusehen. Hier, auf diesem Hügel, kann man einfach die Aussicht in die Berge und das »Hachinger Tal« genießen und seine Gedanken schweifen lassen. Himmel und Berge sind zum Greifen nahe. Einen besonderen Ort der Ruhe und Reflektion bietet der Gedenkort am Ende des Meditationsgartens. Unter einem Kirschbaum an einem Kreuz aus bodenbündigem Muschelkalk können Hinterbliebene auf Sitzsteinen der Verstorbenen erinnern und gedenken.

rechte Seite links oben:
Blick vom Aussichtshügel

rechte Seite rechts oben:
Gedenkstein am Urnengrabfeld unter einem Baum

rechte Seite unten:
Gedenkort mit Aussichtshügel über das »Hachinger Tal«

Gedenkort mit Kirschbaum und Thymianteppich

Auszeichnung	Einer der schönsten Privatgärten Deutschlands
Bauherr	Isartalmedien GmbH & Co. KG, Rolf Becker
Architekt	Baumstark Bielmeier Architekten GbR, München
Landschaftsarchitektin	Adelheid Schönborn
Mitarbeiter	Martin Duthweiler, Bettina Geisenhof, Manuela Steck, Detlef von Witzleben
Steinlieferung	Kelheimer Naturstein GmbH & Co. KG, Essing
Landschaftsgärtnerische Arbeiten	Fa. SE-BAU Landschaftsbau GmbH, München
Metallarbeiten	Max Gampenrieder Metallbau GmbH, Baierbrunn
Fläche	7.200 m²
Bauzeit	2014–2018
Foto	Philipp Schönborn, 2017
	Anna Schönborn, 2018

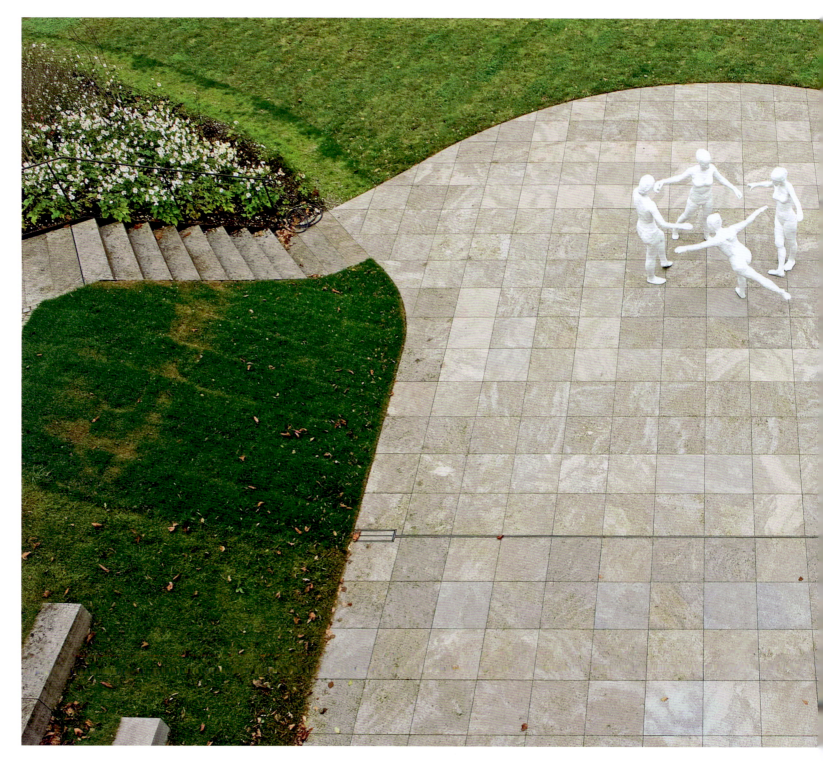

14

Skulpturenpark Baierbrunn

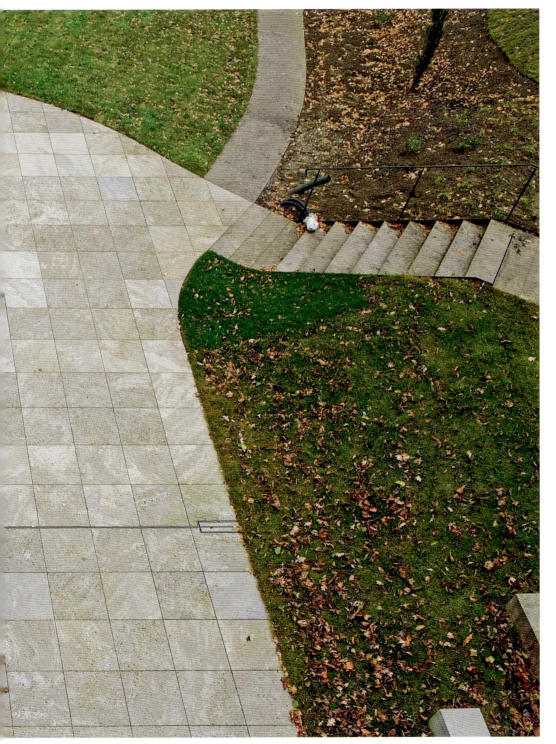

Spaziergang 14
Skulpturenpark Wort & Bild Verlag
Konradshöhe, Baierbrunn
2014–2018

Ein besonderer Ort

Der Skulpturenpark liegt inmitten einer beschaulich schönen bayerischen Landschaft, direkt am Hochufer der Isar. Es ist ein wahrhaft besonderer Ort. Welche Geschichte erzählt er? Keine, die zurückblickt auf eine wechselvolle Vergangenheit zwischen Krieg und Frieden, Konflikt und Harmonie. Seine sehr gegenwärtige, noch junge und zukunftsgewandte Geschichte erzählt von dem, was das Leben lebenswert macht – nämlich mannigfaltig lebendige Beziehungen und Verbindungen. Etwa, zwischen Formen und Farben, Skulptur und Natur, Kunst und Architektur oder Arbeit und Auszeit. Der Park erzählt vor allem auch eine besondere »Beziehungsgeschichte« zwischen einem großzügigen, passionierten Kunstfreund und international renommierten Künstlern.

Skulpturenpark

linke Seite oben:
"The Dancers"
George Segal
Bronze, weiß gefasst
1982

rechte Seite oben:
"Der Wolkenvermesser"
Jan Fabre
polierte Bronze
1998

rechte Seite unten:
50 Stufen
aus Kelheimer Muschelkalk
gleichen die acht Meter
Höhenunterschied aus.

Kontemplative Kunststätte
Die Planung des Skulpturenparks
ist verbunden mit vielen Fragen
und Herausforderungen.
Das Suchen und Finden
der richtigen Lösungen
hat sich gelohnt.

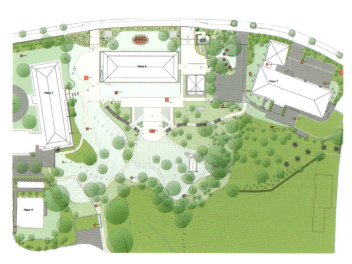

Skulpturenpark

»Ludwig's Dream«
Jaume Plensa
Edelstahl, weiß lackiert
2013

Verbindung von oben und unten
Der faszinierende, private Skulpturenpark in Baierbrunn ist sanfthügelig modelliert. Die angelegten Wege, Treppen und die bepflanzten Steilhänge dienen allein dem Zweck, die Skulpturen von namhaften Künstlern wie *Jaume Plensa* gekonnt in Szene zu setzen. Dabei gilt es auch, das etwa acht Meter tiefer liegende Areal so in die Gesamtumgebung einzubinden, als wäre es schon immer deren Herzstück gewesen. Eine beeindruckende Treppenanlage aus Kelheimer Muschelkalk führt leichtgängig von oben nach unten und umgekehrt und fügt sich elegant in die Landschaft ein.

Genese einer Geschichte

Davon mögen viele träumen. Ein Skulpturenpark direkt am Arbeitsplatz. Ein Gartenreich als kleines Exil, das von der Büroroutine einen kurzen Moment – vielleicht eine Mittagspause lang – befreit. Das beeindruckende Wechselspiel von kreativer Kunst und gestalteter Landschaft bietet eine wohltuende Rückzugsmöglichkeit zur geistigen Auseinandersetzung oder gegenseitigem Austausch für die Mitarbeiter des hiesigen Verlages. Dessen Gründer und Eigentümer hat sich mit diesem Skulpturenpark einen Traum erfüllt, ihn aber nicht mehr erleben und genießen können. Zeitlebens ist Rolf Becker ein Visionär, ein großer Kunstfreund und erfolgreicher Verleger. Seine genauen Vorstellungen von einem Skulpturenpark in bewegtem Gelände konfrontieren mich mit einem wahren Springbrunnen an Fragen: Was ist wichtiger, die Kunst oder die Bepflanzung? Wie bewältige ich den Steilhang? Wie gelingt eine harmonische Verbindung zwischen den noch jungen Bauabschnitten im Süden und Norden zu einem großen Gesamtentwurf? Und, stehen die Bauherrenwünsche über allem? Betrachten wir den Prozess vom Auftrag bis zur Vollendung des Werkes, so wird klar, dass wichtige Entscheidungen erst im Verlauf des Gesamtgeschehens getroffen werden können. In Anlehnung an die Vorschläge der Kuratorinnen und der Vorstellungen der Familie werden die Skulpturen-Standorte ausgewählt. Daran orientieren sich alle weiteren gestalterischen Pläne. Wir sind uns einig: Ja, erst die Skulptur, dann der Baum als Überhöhung des Raumes. Eine prägnante Treppenanlage aus Kelheimer Muschelkalk gleicht die acht Meter Höhenunterschied zwischen Verlagshaus und Skulpturenpark wieder aus. Knapp 50 Stufen werden es sein. Bequeme, angenehme Stufen, die man federleicht beschreiten kann. Mit großer Freude wähle und stelle ich die Pflanzen zusammen, perennierende Stauden. Sie sind von großer Ausdauer, blühen und fruchten über mehrere Jahre hindurch. Das entspricht den Vorstellungen des Bauherrn. Er wünscht sich eine weiße und blaue Blütenpracht zu jeder Jahreszeit. Die so bepflanzten und mit Treppenläufen versehenen Steilhänge werden durch Krismer-Gitter gehalten, um Stabilität zu gewährleisten. Schließlich erfordern Tages- und Nachtlicht intensive Beobachtungen und Erprobungen und sind nur unter Missachtung der gängigen Beleuchtungsangebote zu lösen. Keine Lichtkörper, nur Lichtpunkte sind zu sehen, eingebaut in die zurückhaltenden Treppenwangen aus Schwarzstahl. Entstanden ist so ein Kunstwerk, eine Symbiose aus Kunst, Architektur und Natur. Ein einzigartiges Land-Art-Projekt mit einer großen grünen Bühne für namhafte zeitgenössische Künstler.

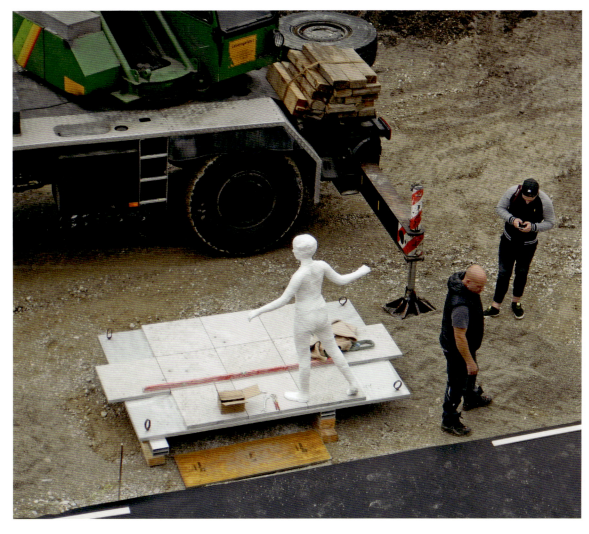

Ein Tanz entsteht.
Positionierung einer Skulptur
»The Dancers«
von *George Segal*

Skulpturenpark

»Munich Soul«
Jaume Plensa
Edelstahl auf Steinsockel
2007

»219,5° Arc 13«
Bernar Venet
2011

Verbindung von Skulptur und Natur

Der Verleger Rolf Becker lebt und arbeitet zeitlebens mit zeitgenössischer Kunst. Für seine Vision, einen Skulpturenpark um den Verlagssitz herum anzulegen, kann er zwar noch die Weichen stellen. Aber die wesentliche Vollendung ist ihm nicht mehr vergönnt. Gemeinsam mit seiner Familie kann ich das Werk zu Ende führen: Einen Park, der Skulptur und Natur wie selbstverständlich verbindet und eine perfekte Kulisse für zeitgenössische Kunst bietet, so auch für die weltberühmten Arbeiten des französischen Bildhauers Bernar Venet.

Exponate mit Botschaft
Der Skulpturenpark in Baierbrunn ist ein Park des Staunens. Ein Spaziergang durch dieses Kleinod birgt zahllose Überraschungsmomente und die Erkenntnis, dass sich Skulptur und Natur wie eine selbstverständliche Gemeinschaft verbinden und miteinander verschmelzen lassen. Das Bild des Verbindenden greift der katalanische Bildhauer *Jaume Plensa* mit seiner Buchstabenfigur »Munich Soul« (2007, Edelstahl auf Steinsockel) symbolisch auf. Für den 1955 in Barcelona geborenen Künstler sind Buchstaben ein Sinnbild für die Gesellschaft, die Gemeinschaft, das Miteinander. Seine Idee: Jeder Buchstabe alleine ist erstmal wenig von Bedeutung. Erst in der Aneinanderreihung mit anderen Buchstaben ergeben sich Wörter, Sätze und ganze Texte. Seine Botschaft: Wir können miteinander leben! Dagegen ist das Thema der namhaften polnischen Künstlerin und Kunstprofessorin *Magdalena Abakanowicz* ein sehr politisches.

»Big Figure«
Magdalena Abakanowicz
Bronze
2013

Arkadien reloaded

von Hans von Trotha

Hans von Trotha, 1965 geboren in Stuttgart, Studium der Literatur, Geschichte und Philosophie in Heidelberg und Berlin, Dissertation zur Wirkungsästhetik des Landschaftsgartens mit Blick auf die Philosophie-, Literatur- und Kulturgeschichte des 18. Jahrhunderts, Arbeit für Rundfunk und Zeitung, ehemaliger Leiter des Berliner Nicolai Verlags, derzeit selbstständige Arbeit als Publizist, Kurator sowie im Verlags- und Kulturconsulting. 1999 erschien sein Buch »Der englische Garten. Eine Reise durch seine Geschichte« (1999), 2016 das Buch »Im Garten der Romantik«, im selben Jahr Mitarbeit an der Ausstellung »Gärten der Welt« (Zürich).

»Viele seiner kenntnisreichen und gut geschriebenen Bücher über Gartenkunst habe ich mit großem Interesse gelesen. Begegnungen und wunderbare Gespräche in Affing und Neuhardenberg besiegelten schließlich eine Freundschaft, die weit über die Gartenkunst hinausreicht.«
Adelheid Schönborn

»Als Territorium der Ungewissheit – unserer eigenen Ungewissheit – verwandelt der Garten unsere lächerlichen Gesten in heilige Augenblicke.« Das schreibt der französische Gartengestalter, -lehrer und -theoretiker Gilles Clément. Geistig sozialisiert in der 68er-Revolte, theoretisch ambitioniert, durchdrungen von der Ökologie-Bewegung versucht er in seinem essayistischen Spätwerk, im komplexen Zusammenspiel der Gewerke, die einen Garten ausmachen, eine Antwort auf die drängenden Herausforderungen unserer Zeit zu erkennen. »Um mich der Tyrannei der gesellschaftlichen Raster zu entziehen, bezeichne ich mich als Gärtner«, schreibt er. Aber Gärtner könnte heute etwas völlig anderes bedeuten als früher. Der Garten, so Clément, ist zur Arche geworden, zum geschützten Raum, in dem Arten überleben. Da hat der Gärtner nicht mehr das Recht, am Zaun haltzumachen, er »nimmt eine neue Haltung ein: er schaut, staunt, versteht und befreundet sich mit der Natur. Er greift nur vorsichtig in das sich entwickelnde Leben ein, anstatt es zu beherrschen. Auf diese Weise vermehrt er die Biodiversität. Ein solcher Garten ist nicht zukunftsweisend, weil er schön ist, sondern weil er verstanden ist.« Der Gärtner von heute ist demnach verantwortlich für die ganze Erde. Clément nennt das »Planetarisches Gärtnern«, eine »Nutzung der Diversität, ohne sie zu zerstören«. Aber auch »Anschauen könnte durchaus die richtigste Art sein, künftig zu gärtnern«. Die Anforderung an den Gärtner ändert sich mit der Zeit. Mit der Anforderung ändern sich die Gärten – und es verändert sich die Bedeutung, die das Medium Garten für eine Epoche hat.

In ihren Gärten legt jede Kultur ihr Verhältnis zur Natur nieder, eines der grundlegenden Verhältnisse einer Gesellschaft. In der abendländischen Kulturgeschichte hat dieses Verhältnis einige tiefgreifende Brüche erfahren, wie sich an der Geschichte der europäischen Gärten ablesen lässt: vom *Hortus conclusus* des mittelalterlichen Klostergartens über die Villen- und Botanischen Gärten der Renaissance, die mathematisch-geometrischen Barockparks, die pseudonatürlichen Landschaftsgärten der Aufklärung bis hin zu den weitläufigen Anlagen der Romantik, die dem ins Unendliche Ausufernden im sogenannten *pleasure ground* ums Haus einen *cordon sanitaire* beigeben, einen behüteten Bezirk mit formalen Elementen, der Schutz gewährt.

Dann kam die Stadt. Mit der Stadt kam der Stadtpark. Im Gegensatz zu ihren historischen Vorgängern, in denen Philosophie, Architektur und Botanik zu neuen Kunstformen verschmolzen, folgten die Stadtparks des 19. und 20. Jahrhunderts in ihrer Gestaltung zunehmend pragmatischen Anforderungen. Sie sollten das Stadtklima verbessern, Bürgern an arbeitsfreien Tagen Beschäftigung bieten und zur Gesunderhaltung geschundener Arbeitskräfte in den im Zuge der Industrialisierung anschwellenden Metropolen beitragen. Das Gegenüber dieser Gärten war nicht mehr die Natur, sondern die Architektur. So wurden Gartenkünstler zu Landschaftsarchitekten. Im 20. Jahrhundert verkam die einst für die abendländische Kultur so bedeutende Kunstform Garten, in der sich die Epochen spiegelten, in ihren Großprojekten zeitweise zur »horizontalen Grünplanung«, wie ein Verwaltungsbegriff der alten Bundesrepublik lautete. Man kann das 20. Jahrhundert in Europa als das gartenlose Jahrhundert bezeichnen – zumindest wenn man unter Garten nicht ein mehr oder weniger verzichtbares Zierelement vor oder hinter einem Haus, sondern ein als solches wahrgenommenes und verstandenes ästhetisch und gesellschaftlich gleichermaßen relevantes Medium an der Schnittstelle zwischen Kunst und Natur versteht.

Der intuitive Widerstand, den diese These hervorruft, rührt daher, dass sie uns betrifft. Schließlich ist die Rede von der kulturellen Sozialisation, welche die meisten von uns erfahren haben. Und haben wir nicht alle viele Gärten gesehen und uns von ihnen bezaubern, beruhigen und beeindrucken lassen, auch von vielen neu gestalteten? Ist nicht der eigene Garten für viele der wichtigste Grund, nicht in einer Wohnung, sondern in einem Haus wohnen zu wollen? Sind nicht hohe Investitionen in Volksparks und Stadtgärten geflossen? Und was ist mit den Bundes- und Landesgartenschauen, überhaupt mit der Gartenbauindustrie, den vielen Gartenmessen und den boomenden Gartencentern?

Es ist auffällig, dass die Hortikultur in Europa immer schubweise in den Phasen aufgeblüht ist, in denen Wissenschaft, Philosophie und Künste sich der Natur im Sinne der noch nicht als Landschaft domestizierten, vermeintlich wilden Umgebung gegenüber besonders aufgeschlossen zeigten: Denker und Künstler der Renaissance machten entscheidende erste Schritte auf die Natur zu, die bislang als feindlich, hässlich und abweisend gegolten hatte und nun allmählich als Landschaft ästhetisch erschlossen wurde. So war es alles andere als ein Zufall, dass sich in dieser Zeit eine europäische Gartenkunst herausbildete. Oder der Klassizismus, die Kunst der Aufklärung, der Mitte des 18. Jahrhunderts einen grundlegenden Wandel in der Gartenkultur herbeiführte. Landschaft als Sujet und das Natürliche als Struktur wurden nun im Garten so ernst genommen wie bislang die Gesetze der Mathematik. An die Stelle der Geometrie traten Techniken der Imitation natureigner Formen der Unregelmäßigkeit, des Wilden, Schroffen oder Unübersichtlichen. Das 19. Jahrhundert brachte eine noch intensivere, noch leidenschaftlichere Durchdringung des Natürlichen durch die Künste mit sich, die sich auch in den großen Parkanlagen niederschlug. Parallel dazu bildete sich eine Kultur des privaten Gärtnerns heraus, in der man mehr auf Blumen setzte als auf Strukturen und in seinen Formen auf die Grenze reagierte, auf den Gartenzaun, nicht auf die Weite der Natur als Landschaft.

Das gilt auf gewisse Weise auch für die großen öffentlichen Anlagen. Dass die *Central Parks* und Volksgärten der zweiten Hälfte des 19. und des frühen 20. Jahrhunderts und die Wiederaufbauprogramme nach der Zeit der Weltkriege innerstädtische Anlagen waren, also die Stadt als Gegenüber und zum Thema hatten, blieb nicht ohne Folgen. Aus von Natur umgebener Gartenkunst wurde von Häusern umstandene Gartenarchitektur, aus einer freien, auf die Philosophie, Literatur und Malerei reagierenden Kunst wurde eine angewandte, pragmatischen Anforderungen gehorchende

»Der Gärtner schaut, staunt, versteht und befreundet sich mit der Natur. Er greift nur vorsichtig in das sich entwickelnde Leben ein, anstatt es zu beherrschen. Auf diese Weise vermehrt er die Biodiversität.«

und erst in einem zweiten Schritt mehr oder weniger schöne Gestaltungspraxis im Rahmen der Stadtentwicklung. Der Garten wurde vom gleichrangigen Gegenüber zum Stiefkind der Architektur, zur nachrangigen Erweiterung des Hauses, zur notwendigen Unterbrechung städtischer Strukturen.

Als eine junge Generation sich schließlich daran machte, die gesellschaftlichen Verkrustungen der Nachkriegszeit aufzubrechen, gehörten Natur und Natürlichkeit zu den Werten, zu denen man sich programmatisch bekannte – allerdings nicht in Anknüpfung an die Ästhetik der Gärten und unter gesellschaftlichen Prämissen sowie im Rahmen sozialer Visionen, die weder die Akkumulation von Grund und Boden noch überhaupt eine auf Privatbesitz, Bauinvestition und Mäzenatentum basierende Kulturform hätte befördern wollen, wie es die Gartenkunst jahrhundertelang gewesen war. Es war gerade das, wogegen die Generation der Achtundsechziger aufbegehrte. Konsequent bereicherte diese Epoche die Geschichte der Gartenideen als Geschichte des künstlerischen Umgangs mit der Natur um eine Strömung, die in letzter Konsequenz die Landschaft selbst zur Kunst erklärte: die Land-Art. Parallel dazu entstand eine Ökologie-Bewegung, die im Umgang mit der Natur ganz aufs Bewahren setzte – auch dies kein Nährboden für eine Renaissance der Gartenkunst, welche die Natur feiert, indem sie eingreift.

Es gibt also gute Gründe dafür, dass das 20. Jahrhundert nicht zur fruchtbarsten Phase in der Geschichte der europäischen Gärten wurde. Spiegel ihrer Epoche sind aber auch die Anlagen, die in dieser Zeit entstanden – und es versteht sich von selbst, dass darunter auch viele bedeutende Werke sind. Sie entstanden allerdings in einem Resonanzraum, der, insbesondere nach 1945, andere Schwerpunkte setzte. Eine mit sich selbst, den pragmatischen und moralischen Folgen zweier verheerender Kriege, dem Wiederaufbau, der Automobilisierung und dem technischen Fortschritt beschäftigte Gesellschaft hat das horizontale Grün als eher randständiges Phänomen und nicht als nachhaltig wirkungsvolles Kunstwerk von zentraler Bedeutung und als bewusste philosophische Position einer Zeit verstanden, geplant und verwaltet. Auch die Kunstgeschichte (bis in die achtziger Jahre) des 20. Jahrhunderts beschäftigte sich nur am Rande mit dem Garten, mit einigen Ausnahmen, darunter die zweibändige Geschichte der Gartenkunst von Marie Luise Gothein (1863–1931), ein bis heute den Rang eines Standardwerks genießendes Kompendium, verfasst von einer Autorin, der als Frau der Zugang zur Universität noch verwehrt war. Zuerst 1914 erschienen, noch einmal 1926, wurde es danach erst 1988 wieder aufgelegt.

Zwischen diesen beiden Daten, zwischen 1914 und 1988, war der Garten in der Publizistik und Wissenschaft nicht besonders präsent. Auch die Gartendenkmalpflege, mit ihr die Praxis der Rekonstruktion historischer Anlagen, rangierte nicht unter den Prioritäten der städtischen Verwaltung. Das begann sich in den achtziger Jahren zu ändern. Am 21. Mai 1981 wurde die Charta von Florenz verabschiedet, ein Dokument, das mit Worten beginnt, die heute ganz selbstverständlich klingen, damals aber noch etwas Beschwörendes haben mochten: »Artikel 1. Ein historischer Garten ist ein mit baulichen und pflanzlichen Mitteln geschaffenes Werk, an dem aus historischen oder künstlerischen Gründen öffentliches Interesse besteht. Als solches steht er im Rang eines Denkmals.«

Im Rückblick könnte es fast so aussehen, als habe die Charta von Florenz wie ein Fanal gewirkt, wie ein Anstoß zu einem Umschwung, der Aufbruch in eine neue Epoche für die Gärten, eine Epoche, in welcher der Garten seine gesellschaftliche Relevanz zurückerhält. Vielleicht war es aber auch umgekehrt. Vielleicht war die Zeit einfach reif, mit einem gesetzesartigen Text die Bedeutung einer historischen Hortikultur für die Gegenwart zu proklamieren und so einen Mangel zum Ausdruck zu bringen, einen Mangel an Interesse, Aufmerksamkeit und Wissen, eine Art kulturhistorische Fehlstelle.

Die Charta von Florenz liest sich wie ein Manifest zum Ende eines Jahrhunderts ohne Bewusstsein für die Gartenkunst. Das neue, das 21. Jahrhundert setzte mit einer regelrechten Renaissance der Idee des Gartens ein, vor allem in den Städten.

Städte sind komplexe soziale Konstrukte, die den Eingriff Einzelner in ihre Strukturen traditionell nur in engen Grenzen und nach strengen Regeln zulassen. Die Anlage eines wilden Gartens gehört gewiss nicht dazu und wurde bis vor Kurzem allenfalls vorübergehend geduldet. Der öffentliche ist der öffentliche, der private der private Raum. Das hatte in den europäischen Städten lange gegolten. Doch um die Jahrtausendwende begannen sich private Interventionen im Stadtraum zu häufen und das überall auf der Welt. Baumscheiben wurden bepflanzt, Mittelstreifen gestaltet; Gruppen taten sich zusammen, die Obstbäume auf öffentlichem Grund für die Allgemeinheit bewirtschafteten; Brachflächen und Hausdächer wurden mit Gemüse bepflanzt. Mit als *Seed Bombs* bezeichneten Samengranaten bescherten selbsternannte *Guerilla Gardener* den naturfernen Metropolen farbenfrohe Blüherlebnisse, wo keine Verwaltung sie vorgesehen hatte. Mit der medienwirksamen Etablierung eines Namens, *Urban Gardening*, für diese weltweit aufkeimende Bewegung hatte das Guerilla-Gärtnern den Weg aller anarchischen Ideen genommen, denen ein gewisser Erfolg beschieden ist: den Weg in die Projektphase.

Es war eine nachgerade überbordende Vielfalt quasigärtnerischer Bewegungen, die da wie ein erfrischender Regen aus kreativen Ideen über den Städten niederging. Diese neue Gartenbewegung, wenn man sie denn so nennen will, trotzte der Stadt ab, was sich auch frühere Generationen von einem Garten erträumt haben mögen: eine wirklich gewordene Utopie im Zusammenspiel von Natur und Kultur. Dabei hat sich der Naturbegriff zu einer *all in one experience* weiterentwickelt, einer Postpostmoderne nach der Vierten Natur, kurz: zu etwas wirklich Neuem. Wobei sich die neue Gartenbewegung meist nur wenig um derlei Begrifflichkeiten schert. Sie ist vor allem pragmatisch und praktisch. Sie reflektiert, kritisiert, formuliert und korrigiert nicht, indem sie analysiert und fordert, sondern indem sie umgräbt und pflanzt. Dabei fließen *Street Art*, Ökologie, Performance, Nachhaltigkeitsphilosophie, gesunde Ernährung, Landwirtschaft, Biobewegung, Garten, Kunst und Stadtplanung ununterscheidbar ineinander. Und das tun sie ohne jegliche Bindung an einen Ort, der klar definiert wäre oder einer Person oder Institution als Besitz zugesprochen wäre.

Während das *Urban Gardening* sich andernorts immer wieder ironisch der Vereinnahmung durch ein hippes Establishment zu entziehen versuchte, entwickelten sich in Deutschland, mit Berlin als blühendem Zentrum, alternative Vereinsstrukturen, welche die Bedürfnisse bündelten und das Phänomen organisiert vorantrieben. Während etwa eine Aktivistengruppe eine mobile Picknick-Wiese durch Londons Straßen schob und sich die Designerin Vanessa Harden mit allerlei *Gadgets* für richtig heimliche Pflanzaktionen unter Referenz auf James Bonds Erfinder-Kollegen als »Q« unter den Guerilla-Gärtnern profilierte, oder während unter dem Label *Guerilla Knitting* überall auf der Welt bunte Pullover für innerstädtische Bäume gestrickt wurden, organisierten sich die Stadtgärtner hierzulande in Stadtgarten-Initiativen und Allmende-Korporativen, von denen einige im Jahr 2014 gemeinsam ein *Urban Gardening* Manifest verabschiedeten. Darin heißt es: »Die Stadt ist unser Garten. In vielen Städten entstehen seit einigen Jahren neue gemeinschaftliche Gartenformen. Diese urbanen Gemeinschaftsgärten sind Experimentierräume für ein gutes Leben in der Stadt. Urbane Gemeinschaftsgärten sind Gemeingüter, die der zunehmenden Privatisierung und Kommerzialisierung des öffentlichen Raums entgegenwirken. Wir fordern Politik und Stadtplanung auf, die Bedeutung von Gemeinschaftsgärten anzuerkennen, ihre Position zu stärken, sie ins Bau- und Planungsrecht zu integrieren und einen Paradigmenwechsel hin zu einer ›gartengerechten‹ Stadt einzuleiten. So wie in der ›autogerechten‹ Stadt alle das Recht auf einen Parkplatz hatten, sollte in der gartengerechten Stadt allen ein fußläufiger Zugang zur Stadtnatur garantiert werden.«

Tatsächlich handelt es sich beim *Urban Gardening*, einem der ersten identifizierbaren wirkungsmächtigen neuen ästhetischen Phänomene des 21. Jahrhunderts, zunächst einmal um eine Intervention, eine akute Intervention privater Personen und kleiner Gruppen im öffentlichen Raum. Das ist tatsächlich etwas Neues, der Ausdruck einer neuen Lebenskultur. Es ist etwas, das später einmal als frühes 21. Jahrhundert in den Kulturgeschichtsbüchern stehen wird. – Auch in den Büchern über die Geschichte der Gartenkunst?

Das Stichwort lautet zunächst nicht Kunst, sondern: Aneignung. Das ist ein wichtiger Begriff der Landschaftsgestaltung, den eine junge Generation, die zuvor bereits gelernt hatte, Wohnungen, Autos, Arbeitsplätze und andere Lebensgrundlagen zu teilen, nun auf ihre unmittelbare städtische Umgebung anwandte und dabei eine elementare Trennung überwand, die Stadtplanung und Stadtleben über Jahrhunderte geprägt hatte: die Trennung zwischen öffentlichem und privatem Raum.

Das Neue, die revolutionäre Öffnung der Idee des Gärtnerischen, liegt in diesem veränderten Umgang einer jungen Generation mit dem öffentlichen Raum. Die Anlage eines Gartens war über die Jahrhunderte hinweg an privaten Raum und an Grundbesitz gekoppelt und somit an langfristige Bindung, Planung und Verantwortung. Eine in jeder Hinsicht mobile Gesellschaft hat sich von diesem Konzept verabschiedet, welches neben dem privat besessenen und von seinem Besitzer kultivierten Garten nur den von der Stadt verwalteten öffentlichen Park als Möglichkeit eines innerstädtischen Gartens gekannt hatte.

Inzwischen haben viele Stadtverwaltungen die lokalen Mikro-Initiativen als das erkannt, was sie sind: ein Geschenk des Himmels, das die Städte nicht nur lebenswerter macht, sondern auch verkrustete Strukturen der Stadtentwicklung aufbricht. Darüber hinaus entsteht ein neues Verantwortungsgefühl der Stadtbewohner für ihre unmittelbare Umgebung. In Wahrheit ist das aber gar kein Geschenk des Himmels, sondern der ins Konstruktive gewendete Hilfeschrei einer Generation, die das Bedürfnis nach einem nachhaltigen, ökologischen und lebenswerten Alltag in der Stadt umtreibt.

Die Entkoppelung der Idee des Gartens von einer kultivierten Grünanlage bei Beibehaltung der Vision einer sinnlich erfahrbaren idealisierten Natur ist romantisches Erbe. Das 19. Jahrhundert brachte eine enorm produktive und vielfältige Gartenpraxis hervor, zu der nicht nur die großen romantischen Parkanlagen gehören, sondern auch die vielen kleinen Rückzugsgärten des Biedermeier, die über aufkommende Blumen- und Gartenschauen sowie eine imposante Gewächshausarchitektur, welche die Gartenbetätigung vom Wetter unabhängig machte, mit Blumen versorgten. Aber die Künstler der Romantik, die Maler und die Literaten, zog es nicht so sehr in diese Gärten. Diese wurden eher zu Refugien des Bürgertums. Die Künstler zog es in die Natur selbst, in die Landschaft. Dort spürten sie den Utopien nach, die andere Generationen auf ihre Gärten projiziert hatten. Am Anfang des 21. Jahrhunderts finden diese Utopien gestalterisch Eingang in einen neuartigen Umgang reflektierter Zeitgenossen mit dem System Stadt. So wie die Romantiker mit der Idee des Gartens im Kopf in die Natur, mit der sie sich eins fühlen wollten, stürmten, so stürmen die Verfechter eines *Urban Gardening* mit der Idee einer lebenswerten Umwelt im Kopf durch die Städte, in denen sie mit Lust leben wollen.

Das 20. Jahrhundert erweist sich im Rückblick, gartenhistorisch gesehen, als die Zeit nach dem Ende des Romantischen, also nach den letzten großen Parks im Stil eines Humphry Repton, Gabriel Thouin, Pückler, Lenné oder Friedrich Ludwig Sckell, und vor der Wiederentdeckung des pseudoidyllischen Landschafts- und des mathematischen Barockgartens in Wissenschaft und Denkmalpflege ab den achtziger Jahren des 20. Jahrhunderts sowie einer vielfältig mit Elementen des Gärtnerischen spielenden Rückeroberung des öffentlichen Raums in den Städten. Die Entscheidung, die innerstädtische Flächenkonkurrenz im öffentlichen Raum in einem gärtnerischen Sinne zu lösen, ist derzeit *en vogue*, der städtische Gemeinschaftsgarten eine der beliebtesten Antworten auf die Herausforderungen der Stadt. Es ist eine Idee vom Garten, die ganz, mehr noch als die den Landschaftsgarten beerbende Ästhetik des Volksparks, von der Stadt definiert ist, ein Spiegel der Bedürfnisse von Städtern am Anfang des 21. Jahrhunderts.

Aber auch sonst ist der Garten wieder da. Seit den achtziger Jahren des 20. Jahrhunderts, erst recht seit der Jahrhundertwende, erlebt alles, was mit Garten zu tun hat, in Europa eine regelrechte Renaissance. Gartenbücher verkaufen sich in hohen Auflagen. Im Film hat es der Garten über das bloße Set hinaus zum Thema des Mainstreamkinos gebracht. Gartenreisen stehen, wiewohl meist teuer, hoch im Kurs. Nachdem das Thema lange als nicht ausstellbar gegolten hatte, beweisen renommierte Museen eins ums andere Mal eindrucksvoll das Gegenteil. An den Universitäten taucht der Garten in den Lehrplänen regelmäßig auf, keineswegs nur bei den Kunsthistorikern, sondern auch bei Kulturwissenschaftlern, Philologen und Philosophen. Eine Vielzahl historischer Gartenanlagen ist in den letzten drei Jahrzehnten überall in Europa wiederhergestellt worden. Aber auch neue Anlagen entstehen. Da erfährt ein grundlegendes Element der Stadtentwicklung planerische, künstlerische und öffentliche Aufmerksamkeit wie seit hundertfünfzig Jahren nicht.

Eine der prominenten, größeren zusammenhängend gestalteten Flächen innerhalb einer Stadt ist der *Parc André Citroën*, eine vierzehn Hektar große Anlage aus dem Jahr 1992 auf dem Gelände der stillgelegten Citroën-Fabrik in Paris. Hier haben Architekten und Landschaftsgärtner bei der Gestaltung eines neuen Areals zusammengearbeitet. Die architektonische Planung von Gebäuderiegeln, die Erschließung durch Straßen, Plätze und Wege und die horizontale Grünplanung erfolgten hier nicht nacheinander und unabhängig voneinander, sondern im Rahmen eines Entwurfs für ein großes Areal inmitten einer großen Stadt. Entstanden ist eine postmoderne Stadtlandschaft mit einem hohen Gartenanteil. Dazu gehört auch ein *Jardin en mouvement* (Garten in Bewegung), den man auf den ersten Blick mit einer naturbelassenen Wiese verwechseln könnte, wüsste man nicht, dass es so etwas wie eine naturbelassene Wiese erstens gar nicht, zweitens nicht mitten in der Stadt und drittens zuallerletzt auf dem stillgelegten Gelände einer innerstädtischen Autofabrik gibt.

Orte wie der *Parc André Citroën* verbinden Architektur, Stadtentwicklung und Gartenkunst gleichrangig miteinander und werten damit letztere ungemein auf. Insofern steht das Projekt paradigmatisch am Ende des 20. Jahrhunderts. Diese Form der Stadtgestaltung erweist sich aber im Rückblick schon nach kurzer Zeit als Übergangsphase hin zu neuen, ganz anderen Konzepten der Erschließung der Stadt mit den Mitteln des Gärtners. Federführend bei der Planung des *Parc André Citroën*, auch des *Jardin en mouvement*, war Gilles Clément. Er findet selbst in unseren Tagen im Garten Anlass zu einem strukturellen Optimismus: »Im Laufe seines Lebens findet das Lebewesen, gleichgültig, ob Pflanze, Tier oder Mensch, eine Chance, sich zu ändern (auf eigenen Wunsch oder auf äußeren Druck): Es verwandelt sich. Diese eingeschriebene Möglichkeit zur Transformation vererbt sich an die folgenden Generationen. Für den Menschen, das ›bewusste Tier‹, ergibt sich aus dieser Möglichkeit ein Vorhaben, ein geistiges Gebiet der Hoffnung. Ein Garten.«

Das 21. Jahrhundert hat mit einer Rückgewinnung der Idee des Gärtnerischen in den Städten begonnen. Eine Rückkehr zur Gartenkunst ist das bislang nicht. Vielleicht wird es dazu außer in der Rekonstruktion nicht mehr kommen. Aber wer weiß. Das Jahrhundert hat ja gerade erst angefangen. Alle Zeichen sprechen dafür, dass es wieder ein Garten-Jahrhundert wird. Es lohnt sich, gespannt zu sein.

15

Ehemalige Schlossbrauerei, Altenmuhr
»Gartenwerkstatt«

Spaziergang 15
Altenmuhr am Altmühlsee

Zeitlose Lebendigkeit
  Eine ausrangierte Kirchturmuhr, Durchmesser 1,60 Meter. Sie schlägt mir keine Stunde. Vermittelt ein Gefühl der Zeitlosigkeit, ein Aufgehen in der Gegenwart und das Erleben von Glück an allem Lebendigen.
  Beachtung und Beobachtung lässt Leben lebendig werden, wie die Gartenwerkstatt in Altenmuhr am Altmühlsee zeigt. Sie ist mein Arbeits- und Experimentraum für Pflanzen und Stimmungen. Für lebendige Formen, Farben und Funktionen.

Gartenarchitektin   Adelheid Schönborn
Fotografie   Thomas Lüttge, 2009
Philipp Schönborn, 2012
Anna Schönborn, 2013–2015

Altenmuhr

linke Seite:
Die Früchte der Rosen
drängen nach außen.

rechte Seite oben links:
spontane Gewächse
im Karree

rechte Seite oben rechts:
Im Buchsbaum kann man
auch sitzen.

Wohnen und Arbeiten

Erst teile ich mein Leben auf. Das Entwurfsbüro in München ist mein Arbeitsbereich. Wohnhaft bin ich in Altenmuhr am Altmühlsee, dem Ort meiner Kindheit. Hier entsteht in den 1980er Jahren die Gartenwerkstatt. Ein 1,2 Hektar großes Refugium. Gestaltete Wildnis in einer kontrollierten Welt. Der Garten, das Gewächshaus, die Wiesen, die Bäume, das Wasser und das Licht erfordern meine Anwesenheit. Ein langjähriger Prozess des Beobachtens und Vertiefens allen Wachsens und Werdens lässt mich wissen, dass ich am Ort der Tat sein muss. Ich verlagere mein Münchner Atelier in die Gartenwerkstatt und lasse mich inspirieren.

Festhalten
Die duftende weiße Rose wächst im Kalthaus, blüht schon im Mai und hält sich am Spalier mit den Arbeitsgeräten fest.

Farbenspiel
Die bunten Stangen müssen dringend zur Befestigung von umfallenden Pflanzen eingesetzt werden. Gelbe Stangen zu gelben Pflanzen. Rote Stangen zu roten Pflanzen.

Fixpunkt
Ein roter Stuhl? Eine Vogelscheuche? Eine Scheune? Was wäre wohl ein geeigneter Fixpunkt, ein *point de vue*, für die Sichtachse, die von der Haustüre durch das Wohnhaus hindurch bis weit ans Ende der Blumenwiesen reicht?

Altenmuhr

Beachten und Beobachten

Bauherren würden mich für verrückt erklären, wenn sie wüssten, wie ich hier ans Werk gehe. Ich lasse mich an die Hand nehmen von Geräuschen und dem Licht, vom Wind und dem Wasser, den Wiesen, Bäumen und Sträuchern. Sie zeigen mir die gestalterischen Möglichkeiten jeder Jahreszeit. Die Wunderkammer der Natur schenkt uns schillernde Farben. Die Schöpfung vollzieht sich täglich neu.

Die Blütenstände mischen sich in die Rasenflächen.

Mein Arbeitstisch, alte Tontöpfe und Herbstlaub sind kaum voneinander zu unterscheiden.

Auch die Gartenwerkstatt hüllt sich im Winter ein und verlangt eine Ruhepause.

Altenmuhr

Paradiesische Pflanzen
Die Schönheit der Schöpfung ist die Pflanze. Der italienische Philosoph Emanuele Coccia beschreibt sie als eine »Maschine, die die Erde an den Himmel bindet«. Schöner lässt sich das kaum ausdrücken. Die Pflanze ist das früheste und stärkste organische Lebewesen unserer Erde. Ein landschaftsprägender Bote von Licht und Wärme. Ein Sinnbild des Garten Edens ebenso wie für jene paradiesischen Heilsversprechen, die vom Christen- und Judentum ebenso verkündet werden wie vom Islam.

Ein kleiner Gemüsegarten entsteht
Wo passt er hin? Wie organisiere ich ihn? Was möchte ich damit erreichen? Kann ich es selbst leisten? Der Ort wird abgesteckt, mit Sägespänen markiert. Geometrisch geordnet in Form von vier kleinen Kompartimenten in Kreuzform. Je zwei mal zwei Meter. Das kann ich bewältigen.

Nach dem Umgraben der vier Rasenstücke muss die Erde erstmal ruhen und im Herbst mit Laub abgedeckt werden. Im Frühling überlege ich, was ich sähen und pflanzen möchte. Für den täglichen Gebrauch. Kartoffeln, Salat, Erdbeeren, Radieschen, Kräuter, Buschbohnen und Zwiebeln.
So probiere ich jedes Jahr etwas Neues aus, lerne aus den Fehlern und freue mich über frischen Salat.

Das Wort Paradies kommt aus dem Altpersischen, Babylonischen und Hebräischen und bedeutet Umzäunung.

Das Morgenland ist die Geburtsstätte der meisten unserer schönsten grünen Mitgeschöpfe. Mogulherrscher ordneten die streng geometrische Gartenkunst an, voller Symbolgehalt und Blumenreichtum. Im Koran verspricht Gott, die Luft des Gartens dufte nach Kampfer, Ingwer und Moschus. Die indische Miniatur »Tschahär Bägh« aus einem persischen Epos Mogul-Indiens (16. Jh.) stellt eine meisterhafte Gartenszene dar. Sie zeigt die strenge Vierteilung des Gartens, ein Kreuz aus vier Wegen teilt die Fläche in vier Kompartimente.

Die Miniatur bezieht sich auf die vier Hauptflüsse im Garten Eden. Euphrat und Tigris (West–Ost) sowie Pishon und Gihon (Nord–Süd). Diese Gartenform überlebt in der Klosterkultur des Abendlandes die Jahrhunderte und findet sich wieder in meiner Gartenwerkstatt. Das Spiel mit Farben, Formen und Blatt-Texturen wird hier in strenger Architektur erprobt.

Die Veränderung der Räume, mal frisch bearbeitet, mal brachgelegt, mal nass, mal trocken, mal schneebedeckt, mal durch Materialien verfremdet, verändert auch die Perspektiven und die gesamte Szene. Ein wechselvolles Spiel der Elemente. Die Natur bleibt dabei immer die Stärkere.

Altenmuhr

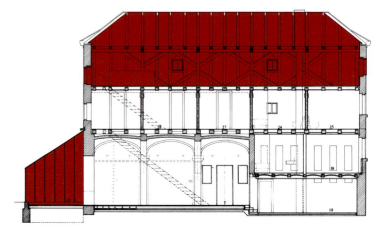

Wohnen und Arbeiten:
Hier ist die Gartenwerkstatt zu Hause.

Wirkung und Wechselwirkung von Raum und Natur

An dieser Stelle erlaube ich mir einen Ausflug in die Historie des Garten- und Landschaftsbaus. Denn ja, es stimmt, was der englische Philosoph, Arzt und Freidenker Sir Thomas Browne sagt: »Die Gärten waren vor den Gärtnern da und nur einige Stunden nach der Erschaffung der Erde.« (in: The Garden of Cyrus, 1658).

Das Altmühltal ist ein wichtiger Teil meiner eigenen Historie. Hier verbringe ich meine Kindheit und lasse mich vom Zauber dieser wunderbaren Landschaft anstiften. Diese frühe Verbundenheit mit der Natur- und Pflanzenwelt wird später zu meiner Berufung.

Altenmuhr

der Arbeitstisch
in bequemer Höhe

Perspektive als Gestaltungsprinzip

Ich: »Scheußliches Regenwetter heute.« Eine befreundete englische Malerin überzeugend: »Look at these beautiful greys.« Oft genügt ein wohltuend anderer Blick, um Farben neu wahrzunehmen.

Altweibersommer

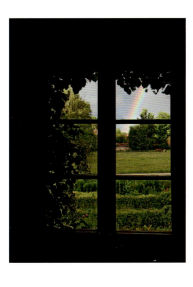

spontaner Kleider-Flohmarkt
auf der häuslichen Wiese
und Aussicht mit Regenbogen

Altenmuhr

Draußen, der Reiz des Winters
Oft verwandelt bereits im Herbst der Raureif früchtetragendes Gewächs und ganze Bäume in märchenhaft glitzernde Gebilde. Jede Jahreszeit erfindet neue Früchte, neue Formen, neue Geschichten.

Der Nussbaum
Manchmal trägt er Nüsse, manchmal den ganzen Kleiderschrank.

Im Pflanzenhaus sind alle
Jahreszeiten voller Wunder.

Die grüne Hölle in meinem Paradies

Mediterrane Verhältnisse im Pflanzenhaus. Hier wachsen Wein, Feigen und Zitronen, Granatäpfel, Rosen und Agapanthus, die afrikanische Lilie. Nisperus und Oliven tragen nur Früchte, wenn sie wollen. Eine portugiesische weiße Lilie wächst neben der überbordenden Bougainvillea. Einmal im Jahr muss ich diese grüne Wunderkammer besänftigen und sie ihres üppigen Wuchses mit der Schere berauben.

Altenmuhr

innen und außen
Winter

*»Das Wort Paradies kommt aus dem
Altpersischen, Babylonischen und Hebräischen
und bedeutet Umzäunung.«*

Gemälde
Meine Großmutter Elisabeth von Cölln, die Künstlerin, gemalt 1907 von *Adolf Münzer*. Sie studierte als einzige Frau 1904 an der Kunstakademie in München. Sie starb vor meiner Geburt. Ihre Kunst aber bleibt lebendig, begleitet meinen Weg und inspiriert mein Werk.

Die Natur

von Andreas Maier

Andreas Maier, 1967 geboren in Bad Nauheim. Studium der Altphilologie, Germanistik und Philosophie in Frankfurt am Main. 2000 erscheint der Roman »Wäldchen«, 2010 »Das Zimmer« (Beginn einer elfbändigen »Ortsumgehung«), 2002 Dissertation zu Thomas Bernhard, 2006 Poetikvorlesung in Frankfurt, Dozenturen in Mainz und Wiesbaden, 2009 Robert-Gernhardt-Preis, 2010 Wilhelm-Raabe-Literaturpreis, 2011 Georg-Christoph-Lichtenberg-Preis, seit 2015 Mitglied der freien Akademie der Künste (Hamburg), regelmäßig Beiträge für Tageszeitungen, Kolumne für die Wiener Literaturzeitschrift »Volltext« (2010 und 2018 gesammelt erschienen unter den Titeln »Mein Onkel« und »Was wir waren«). Stationen in der Wetterau, Südtirol, Hamburg und Frankfurt am Main. Fotografie von *Elisabeth Howey*

»Das Büchlein von Andreas Maier und Christine Büchner ›Bullau: Versuch über Natur‹ hat mein Herz so erfreut, dass ich gleich zehn verschenkt habe.«
Adelheid Schönborn

Mir sind die Umrisse des Begriffs Natur in den letzten Jahren immer mehr abhanden gekommen. Ich gehe noch immer gern spazieren, das werde ich auch so lange tun, wie ich es kann. Noch immer hängt mein Sehnsuchtsgrad, was mögliche Wohnorte betrifft, vor allem davon ab, wie sehr diese Orte in eine Umgebung eingebettet sind, in der ich nah an Bäumen, Wiesen, dem Himmel, Weinbergen, Wäldern oder einem See oder Meer sein kann. Noch immer ist meine Seele mehr als von anderem berührt, wenn mir eine Kohlmeise oder eine Bachstelze entgegenkommt, ich Gundermann oder Ehrenpreis sehe oder sich ein unverbauter Himmel im Morgen-, Mittags- und Abendlicht färbt. Noch immer bin ich – Kerneuropäer – auf der täglichen Suche nach dieser fiktiven Naturumgebung, sei es in Parks, sei es in Wäldern, sei es auf einem kleinen Gang vor die Stadt mit ein paar Kornblumen und Wegwarte am Feldrand.

Aber meine Suchbewegungen stammen aus früherer, mir fast vergangen scheinender Zeit. Ich habe mich an sie gewöhnt, sie funktionieren seit langem von selbst, und ich weiß, dass ich mich in der erstrebten Umgebung nach wie vor »wohler« fühle als andernorts. Ich bin mir selbst aber auch fremder dabei geworden. Denn etwas in mir ist zu reflektiert (leider), als dass ich den Begriff Natur, wie ich ihn mir lange Zeit zurechtzulegen versucht habe, in einigermaßen handhabbarer Form hätte bewahren können.

Zwei Wörter fallen mir ein, zum einen Leben und zum anderen Herkunft (letzteres unter dem Stichwort möglicher Wohnort, s.o.). Leben: Meine Frau ist ein geborenes, gewachsenes, kontingentes Wesen, unter den Menschen steht sie da wie eine Einzelpflanze inmitten einer großen Wiese zahlloser Blumen, die alle aus demselben

Boden genährt wurden und untereinander alle artverwandt sind. Das heißt, ich kann sie mit einem Naturbegriff kombinieren. Etwas geht von ihr aus, das für mich dem ähnlich ist, was ich eben von Singvögeln und Wiesenpflanzen gesagt habe. Aber am Horizont unseres Lebens erscheinen (durch Todesfälle in unserer Umgebung) zunehmend Technik, Kabel, Apparate und die Versuche, Krankheit und Tod zu verhindern beziehungsweise hinauszuschieben. Ich kann dieses technisierte Themenfeld mit meiner Blaumeise, meiner Bachstelze, meinem Ehrenpreis und dem Gundermann nicht in Kohärenz bringen, ich kann es nicht zusammendenken. Vielleicht werde ich am Ende eine Maschine anflehen und Gott darum bitten, dass sie funktionieren möge?

Andererseits kann ich es wiederum sehr gut zusammendenken, aber dann gehört eben alles zusammen. Auch die Apparaturen eines Krankenhauses, die zweifelhaften Errungenschaften einer sich zu Tode technisierenden Zivilisation, gehören dann dazu. Nur kann ich das nicht mehr unter unserem (ja immer auch ästhetisierenden) Begriff von Natur summieren. Der Begriff wird mir dadurch obsolet. Einen Gesang anstimmen, der allein aus meiner Frau, den beiden genannten Vogelspezies und den beiden Wiesenpflanzen bestünde, und darüber der Himmel zu allen Tageszeiten, nein, das könnte ich nicht. Ich hätte etwas Wesentliches nicht erfasst. Das Leben reicht tiefer, oder: es reicht auch noch an ein anderes heran. Dafür habe ich allerdings kein Wort. Mit dem Begriff Natur wäre es nicht erfasst.

Das zweite, meine Herkunft. Kraft meiner Herkunft ist mir etwas vorgegeben, nämlich der Ort, an dem ich aufgewachsen bin. Ich habe mich nicht zu ihm entschieden. Auch das ist etwas, was ich mit dem Begriff Natur ineinssetzen kann: Es ist völlig natürlich und gar nicht anders denkbar, dass meine Herkunft kein Willensakt von mir ist. Meine Herkunft ist, kurz gesagt, natürlich. Nun habe ich aber die Landschaft meiner Herkunft längst verlassen und bin zum Nomaden geworden (insofern wir alle Nomaden sind, die wir unsere angestammte Landschaft verlassen und mit Zugbewegungen durchs Leben gehen). Nomaden können sich hier und dort *schöne* Orte schaffen oder nach solchen für sie *schönen, wünschenswerten*, also gewollten Orten suchen. Aber ich habe dann Natur in Willen verwandelt beziehungsweise erstere von letzterem abhängig gemacht. Auch das macht den Begriff in gewisser Weise hinfällig. Ich habe ihn dann mit mir, meinen Vorlieben, meinen Distinktionen, meinem Geschmack und meiner (sicherlich auch nicht wirklich rein zu denkenden) Suche nach Seelenruhe und Frieden verwechselt. Ich habe ihn also kraft Weggangs von meiner Herkunft vernichtet. Zuhause wäre ich natürlich gewesen. Hier, weggegangen und an neuem Ort, kann ich mir zwar Schönheit verschaffen, aber dass ich sie an einen Begriff wie Natur anlehne, verhilft nicht dazu, diesen klarer werden zu lassen. Am Ende steht immer das Ich.

Und doch werden die Farben des Morgenhimmels bleiben, und wir werden das Wispern der Blaumeisen hören und wir werden leben, vielleicht krank sein, wieder gesunden, alt werden und wir werden gestorben sein, zuhause oder andernorts. Wir alle.

Mein Dank an alle Mitarbeiter seit 1968

Monika Castell/Butler
Simon Colwill
Martin Duthweiler
Michael Forster
Bettina Geisenhof
Jens Heilbronner
Elke Heilmann
Carmen Heindl
Michael Heurich
Emely Hoyos
Theresia Irl
Stefanie Jühling
Sabine von Karaisl
Roswitha Landgraf
Manja Lohrengel
Felix Lüdicke
Barbara Müller-Bukke
Eva Prasch
Veronika Richter
Daniel Roehr
Johannes Sammer
Ulrike Schnaubelt
Johanna Schönborn
Andrea Schweiger
Helmut Sedlmeier
Michael Simnacher
Malte Stellmann
Manuela Steck
Gertraud Szugat
Frank Vollbehr
Erika Warburg
Detlef von Witzleben

Danksagung an Menschen, die mein Leben prägen

Meine Großmutter, Elisabeth von Cölln, die Künstlerin (postum)
Meine Mutter, Liselotte von Buchwaldt, die Großzügige
Meine Geschwister Christian, Elisabeth und Friedrich, die stets Zugewandten
Asmus von Esebeck, der Architekt
Conrad Wiedemann, der Germanist, mein Schulfreund aus Ansbach, der Widersprecher
Oliver von Delius, mein vorausschauender Lehrherr in Nürnberg
Herta Barmetler, die Blumenfrau in München
Gräfin Ursula zu Dohna, die große Persönlichkeit der Gartenkunst in Weihenstephan
Harri Günther, der allumfassende Gärtner und Gartenhistoriker, Potsdam
Karl Schwarzenbacher, der Begeisterungsfähigste in Weihenstephan
Alfred Reich, bei dem ich Sehen und Wahrnehmen lernte, München
Gustav Lüttge, der große Geist in der Gartenarchitektur, Hamburg
Pietro Porcinai, der unerbittliche und hochbegabte Gartenarchitekt in Florenz
Georg A. Roemmich, Architekt, mein erster Auftraggeber 1969, München
Ottilie und Magnus von Buchwaldt, die Motivierer, Helmstorf
Philipp Schönborn, der große Fotokünstler, zeichnet mit Licht, München
Meine Schwiegermutter Gräfin Eleonore Schönborn, »La grande Dame«, Schruns
Axel Springer, der Geniale, Schierensee
Fritz Sonnenholzner, der Zuverlässige, München
Alexander von Branca, der vielseitige Architekt und Künstler, München
Otto und Winnie Wolff von Amerongen, die Mäzene, Köln
Alfred und Traudl Herrhausen, die Visionäre, Bad Homburg
Christoph Mäckler, der charakterstarke Architekt, Frankfurt am Main
Mario Terzic, der überzeugende Künstler und Lehrer in Wien
Benita und Christian Petry, die geistig Kreativen, Weinheim
Marian von Gravenreuth, der Außergewöhnliche, Hüter von Wald und Park in Affing
Amelie und Gebhard von Hardenberg, die Standhaften, Lietzen
Frei Otto, der Generalist, Stuttgart
Werner Wirsing, der mutige Architekt, München
Herbert Groethuysen, der besonnene Architekt, München
Sigrid Neubert, die große Fotografin, München
Rolf Müller, der geniale Grafiker, München
Gert Pfafferodt, der vorausschauende und weise Theatermann und Lehrer, München
Kilian Stauss, der als zugewandter Grafiker mein Buch gestaltet, München
Meine Großfamilie, in der ich mich geborgen fühle

Was wäre mein Leben ohne meine beiden Töchter Johanna und Anna und die lebenslustigen Enkelkinder?

Ich verneige mich mit Hochachtung vor der Welt der Architektur. Ich bin überzeugt, dass alle Architekten, die mein Leben begleitet haben, in vollem Verantwortungsbewusstsein gehandelt und gebaut haben. Mein Projekt gilt ihnen allen, meiner Familie, meinen Lehrern und Freunden.

Sponsoren

Alexander von Boch, Kronberg
Brigitte und Wendelin von Boch, Britten
Magnus von Buchwaldt, Helmstorf
Katharina von Ehren, Hamburg
Fielmann Stiftung Schierensee
Girnghuber GmbH, Marklkofen
Marian von Gravenreuth, Affing
Dr. Bardia Khadjavi-Gontard, Gut Stechau/Sachsen
Prof. Christoph Mäckler, Frankfurt
Prof. Karin Maurer, München
Jan Mojto, München
Dr. Arend Oetker, Berlin
Maja Oetker, Bielefeld
Albrecht Fürst zu Oettingen-Spielberg, Oettingen
Sammer GaLa-Bau, München
Christoph Sattler, München
Prof. Reiner Schmidt, Gessertshausen
Alexander Freiherr von Spoercken, Lüdersburg
Friede Springer, Berlin
Stiftung Schloss Neuhardenberg
Michael Wirtz, Stolberg
Wort & Bild Verlag, Baierbrunn

Literatur

Agde, Günter: »Carl-Hans Graf von Hardenberg. Ein deutsches Schicksal«
Aufbau Taschenbuch Verlag 1994, 292 S., 6,00 Euro

Coccia, Emanuele: »Die Wurzeln der Welt. Eine Philosophie der Pflanzen«
Hanser Verlag, München 2018, 192 S., 20,00 Euro, als E-Book 15,99 Euro

Hirschfeld, Christian Cay Lorenz: »Theorie der Gartenkunst«
Georg Olms Verlag 1973, Hildesheim und New York

Karahasan, Dževad:
»Das Buch der Gärten: Grenzgänge zwischen Islam und Christentum«
Suhrkamp/Insel-Verlag 2002, 192 S., 19,90 Euro

Maier, Andreas und *Büchner, Christine:* »Bullau: Versuch über Natur«
Suhrkamp/Insel Verlag 2017, 127 S., 10,00 Euro

Richardson, Tim: »Landscape and Garden Design Sketchbooks«
Thames & Hudson Ltd 2015, 320 S., 27,89 Euro

Seebach, Carl Heinrich: »Schierensee. Geschichte eines Gartens«
Karl Wachholtz Verlag 1974

Stimmann, Hans und *Erik-Jan Ouwerkerk:* »Stadt. Volk. Park.«
Wasmuth Verlag 2017, 180 S., 35,00 Euro

von Trotha, Hans: »Der englische Garten. Eine Reise durch seine Geschichte«
SALTO 1999, 144 S., 18,00 Euro

von Trotha, Hans: »Im Garten der Romantik«
Berenberg Verlag 2016, 152 S., 22,00 Euro

Frankfurt am Main und seine Umgebung. Ein Führer für Fremde,
nebst einer Übersicht des Abgangs und der Ankunft der Eisenbahnen und
Dampfschiffe, Baist Verlag, Frankfurt am Main 1853, 22 S.

Bildnachweis

Seiten 160, 161, 162, 163 und 165
© The George and Helen Segal Foundation/VG Bild-Kunst, Bonn 2019
Seiten 163, 164, 166 und 167
© VG Bild-Kunst, Bonn 2019

Seite 192, Porträt Andreas Maier von *Elisabeth Howey*, Künstlerin
Seite 195, Büro Schönborn in Altenmuhr, *Anastasia Flechner*

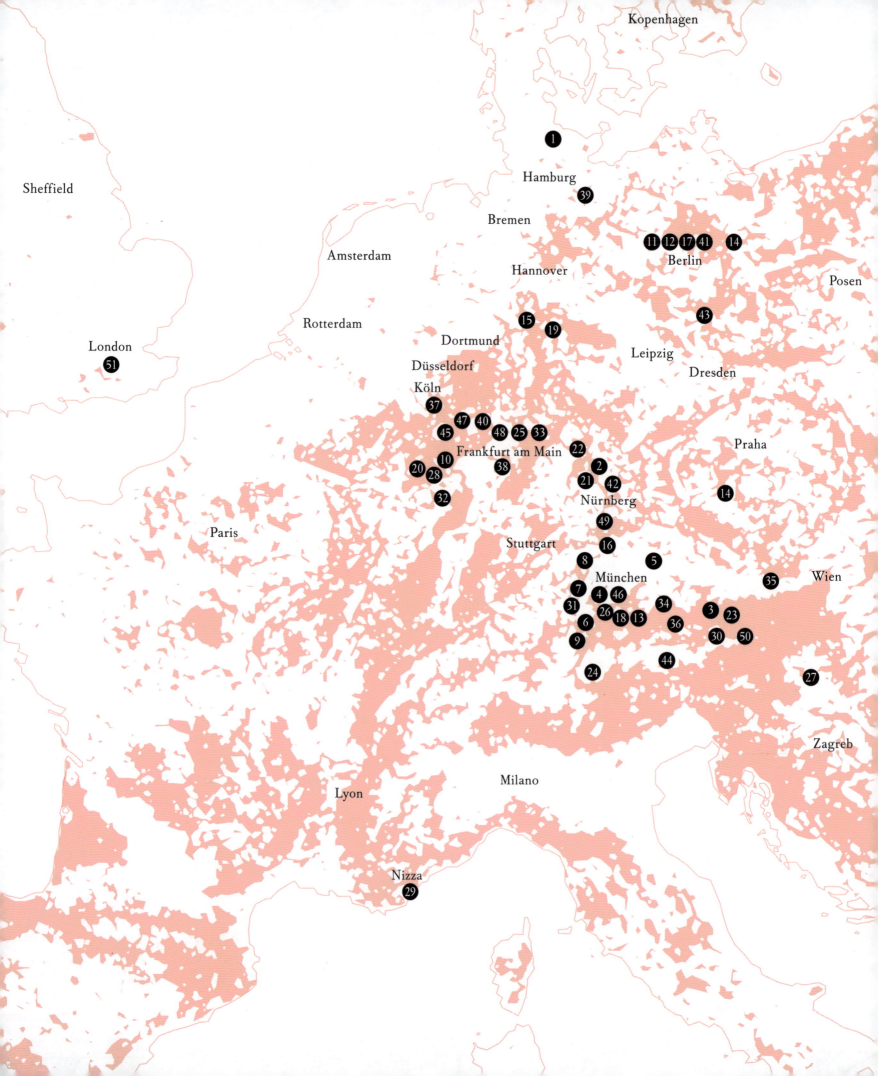